CE1

W0375899

l'Atelier de Mathématiques

Cahier d'entraînement

Daniel Bensimhon
Conseiller pédagogique

Nathan

AVANT-PROPOS

L'atelier de mathématiques CE1 est un cahier de soutien et de perfectionnement en mathématiques. Cet outil peut aider l'enseignant à mettre en place des ateliers visant à faire progresser les élèves dans des domaines où ils en ont le plus besoin. Il peut aussi favoriser la mise en place d'une pédagogie différenciée en proposant de façon très spécifique des activités adaptées à chaque besoin constaté. Il peut enfin devenir un outil incontournable pour la mise en place de l'aide individualisée en mathématiques dispensée aux élèves rencontrant des difficultés depuis que la semaine scolaire est passée de 26 à 24 heures (deux heures sont alors dégagées pour cette aide).

1 LES OBJECTIFS POURSUIVIS

• Une vision claire des objectifs

Le cahier est organisé en cinq parties clairement identifiées. Elles correspondent précisément aux domaines mathématiques mentionnés dans les programmes officiels de 2008.

Ces parties sont : nombres – calcul – géométrie – grandeurs et mesure – organisation et gestion de données. Dans un souci de clarté, les titres des exercices ciblent une compétence travaillée. Ces compétences reprennent précisément celles des instructions officielles de 2008.

Les activités proposées sont volontairement présentées de façon simple et stable afin de permettre à l'élève de se repérer facilement et de progresser. Par exemple, une présentation pour l'approche d'une table de multiplication sera identique pour les autres tables.

Partie 1 : Nombres

Cette partie vise à travailler la lecture et l'écriture des nombres entiers naturels jusqu'à 1000. De nombreuses activités permettent à l'élève de comprendre progressivement le rapport entre chiffre et nombre. Rappelons que « le chiffre est au nombre ce que la lettre est au mot ». D'autres activités de rangement, de classement et d'ordre sur les nombres favorisent cette connaissance des nombres.

Partie 2 : Calcul

Cette partie s'appuie sur la construction des techniques opératoires à l'aide de nombres entiers. Ces techniques opératoires requièrent la connaissances des tables (addition et multiplication) ; les programmes de 2008 insistent sur la nécessité que les élèves maîtrisent, à la fin du cycle 2, les tables de multiplication par 2, 3, 4 et 5. Précisons que, sans ce calcul automatisé, il n'y a pas de calcul posé possible. Aussi est-il important de débuter cet apprentissage le plus tôt possible. Modestement, et en adéquation avec les programmes de 2008, la division par 2 et par 5 est proposée. Il s'agit de favoriser les liens dans ce domaine avec le cycle des approfondissements.

Partie 3 : Géométrie

Cette partie vise à intégrer encore des repérages simples dans l'espace comme cela est fréquemment proposé en GS de maternelle ou au CP. Le vocabulaire de la position relative (dessus, dessous, devant, derrière, etc.) est ainsi mobilisé. Cette entrée dans ce domaine (fiches 1 et 2) permet de faire un lien avec les autres niveaux du cycle 2. Puis les élèves sont invités à se familiariser avec quelques figures planes et quelques solides. L'idée directrice est de passer progressivement d'une géométrie où les objets et leurs propriétés sont contrôlés par la perception à une géométrie où les propriétés sont explicitées. Le recours au tracé à l'aide d'instruments adéquats est particulièrement développé. Les repérages sur des cases ou des nœuds, les activités autour de la symétrie, la reconnaissance de figures planes et de certains solides sont autant de domaines abordés dans ce cahier.

Partie 4 : Grandeurs et mesure

Pour cette dernière année du cycle 2, les élèves sont amenés à maîtriser quelques relations simples entre les heures et les minutes, le gramme et le kilogramme, le mètre et le kilomètre, le mètre et le millimètre et enfin l'euro et les centimes d'euros. Il ne s'agit pas de s'enfermer dans la maîtrise des unités légales du système métrique. Le repérage du temps et des durées est également développé.

Partie 5 : Organisation et gestion de donnée

Cette dernière partie cible précisément la lecture de tableaux, de graphiques ou d'énoncés de problème. Même si des problèmes sont proposés dans d'autres parties de ce fichier (dans le « calcul » par exemple), les activités proposées ici s'efforcent d'amener l'élève à organiser et à gérer des données présentées parfois d'une façon peu habituelle ou à sélectionner celles qui sont pertinentes en fonction des questions posées.

- **Une vision claire des résultats**

Pour de nombreuses compétences, les exercices sont progressifs avec des niveaux de difficulté différents. À la fin de chaque partie, des fiches *Coup de pouce !* constituent des aides notionnelles ou méthodologiques pour l'élève. Il peut s'y reporter en cas d'hésitation ou pour fixer des acquis en cours de stabilisation. Il peut tout autant relire attentivement ces conseils avant de commencer une page d'exercices ; il y est même parfois invité.

À la fin de chaque exercice, un codage simplifié des résultats (une fleur avec quatre pétales à colorier) permet à l'élève de visualiser ses réussites et, au-delà, d'apprendre à s'auto-évaluer. En cochant la grille récapitulative figurant pages 4-5, l'élève peut visualiser son parcours d'apprentissage, ses réussites et ses faiblesses.

- **Un entraînement individualisé**

L'organisation très structurée du cahier permet de prendre en compte l'hétérogénéité de la classe en proposant à chaque élève des niveaux d'activités en rapport avec ses compétences. Les exercices seront programmés par l'enseignant au fur et à mesure des points abordés en classe.

- **Un outil pour l'aide individualisée**

Avec la réduction du nombre d'heures de la semaine scolaire, chaque enseignant doit donner en petits groupes deux heures hebdomadaires d'aide aux élèves en difficulté. Ce cahier peut aider grandement à la mise en place de cette action qui vient alors compléter l'enseignement en mathématiques dispensé en grand groupe.

2 CONSEILS D'UTILISATION

- **La mise en œuvre des activités de mathématiques**

Les exercices proposés gagneront à être conduits dans un temps mesuré. Les consignes devront être clairement explicitées voire même fréquemment répétées. En effet, les difficultés de certains élèves reposent souvent sur une mauvaise compréhension des consignes. L'utilisation raisonnée de ce cahier, toujours sous la surveillance de l'enseignant, donnera la cohérence nécessaire à l'enseignement des mathématiques et contribuera à former des élèves astucieux et critiques dans tous les domaines de ce champ disciplinaire.

- **L'explicitation des objectifs**

Il est fondamental de toujours expliquer aux élèves l'objectif visé avant de commencer un exercice. On sait en effet qu'un élève comprend d'autant mieux un exercice et réussit d'autant mieux une tâche qu'il a une vision claire du « pourquoi » il travaille. C'est à ce titre qu'il pourra avoir une perception plus globale de l'enseignement des mathématiques et ne pas faire l'exercice pour l'exercice. Une telle démarche ne peut que favoriser le développement de son esprit critique et lui donner un regard constructif sur ses apprentissages.

- **La correction : un temps parfois nécessaire pour tous ou pour certains**

Si les exercices proposés privilégient naturellement le travail individuel, il est parfois souhaitable que leur correction fasse l'objet d'un travail collectif. En effet, certains élèves plus experts, en explicitant aux autres les procédures qu'ils ont utilisées, aident les élèves moins à l'aise à progresser. Ces phases donnent du sens au groupe classe. En revanche, à d'autres moments, et pour peu que l'essentiel de la classe ait réussi les exercices, il peut être nuisible d'opérer une correction en grand groupe. Une approche individualisée des élèves ayant rencontré des difficultés s'avère alors une bonne remédiation, que celle-ci ait lieu durant la classe ou lors de l'aide individualisée dispensée.

J'espère que ce cahier, comme les trois autres de la collection, répondra aux besoins et aux attentes des enseignants de cycle 2. Son ambition est d'enrichir la palette d'activités que tout enseignant se doit de mettre en place pour que chacun de ses élèves devienne performant dans tous les domaines des mathématiques.

L'auteur

SOMMAIRE

Coche la case quand tu as terminé l'exercice

Nombres

Calcul

Géométrie

Coche la case quand tu as terminé l'exercice

Géométrie

Grandeurs et mesure

Organisation et gestion de données

Ton cahier de mathématiques CE1

Dans ton cahier de mathématiques, tu vas apprendre à compter, à calculer, à raisonner et à tracer. Mais tu vas aussi...

Entourer des bonnes réponses — 268 - 125 - 17 - 362

Compléter des tableaux

Nombre juste avant	Nombre	Nombre juste après
256	257	258

Barrer des propositions — 400 ~~510~~ 420

Colorier les bonnes réponses

125 + 32 = 157	125 + 32 = 175

Compléter et poser des opérations — 20 + 10 = 30 ; 31 × 3 = 93

Relier des propositions — Relie la moitié à son double : 2 → 4

Si tu veux bien progresser en mathématiques, il faut :

1 Avant l'exercice

Bien lire la consigne afin de comprendre ce que tu dois faire.

2 Pendant l'exercice

Réfléchir aux questions d'abord dans ta tête, sans rien écrire, puis sur ton cahier avec un crayon de papier.

3 Après l'exercice

Colorier les pétales qui indiquent tes réussites et comparer ton résultat avec ceux des fiches précédentes. Ainsi, tu peux voir tes progrès.

Nombres

Pour t'aider dans la réalisation des exercices, reporte-toi à la page *Coup de pouce !* page 24.

1 Sur cette bande, colorie les nombres jusqu'à 100.

0 50 100 150 200 250 300 350 400 450 500

2 Dans cet ensemble, entoure les nombres inférieurs à 100.

22 200 150 58

41 6 78 500

98 450 5 17 36

400 66 28 12

3 Continue la suite des nombres.

10 - 11 - .... - .... - .... - .... - .... - .... - .... - .... - 20

50 - .... - .... - .... - .... - 55 - .... - .... - .... - .... - 60

60 - .... - .... - 63 - .... - .... - .... - .... - .... - .... - 70

80 - .... - .... - .... - .... - .... - .... - .... - .... - .... - ....

4 Écris dans chaque sac deux nombres possibles.

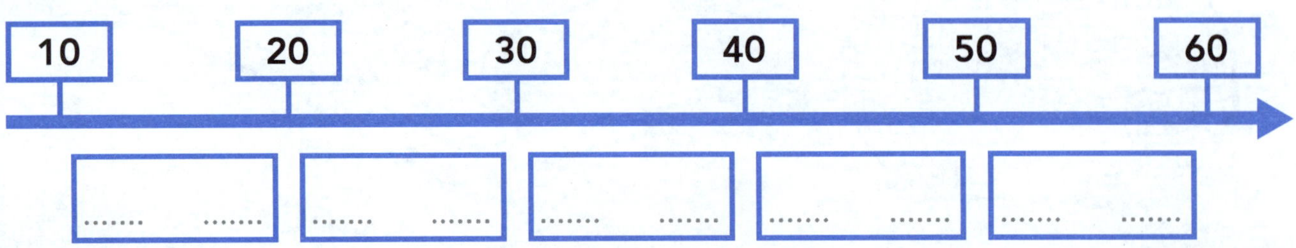

Évaluation *Un pétale par exercice juste. Colorie ton résultat.*

★★ 2 Connaître les nombres jusqu'à 100

1 Écris ces nombres en chiffres.

vingt et un : ....

dix-huit : ....

quarante-deux : ....

cent : ....

soixante-dix : ....

trente-sept : ....

neuf : ....

quatre-vingt-trois : ....

2 Écris ces nombres en lettres.

25 : ....

12 : ....

8 : ....

65 : ....

36 : ....

55 : ....

95 : ....

100 : ....

3 Écris ces nombres en chiffres.

4 dizaines et 5 unités : ....

2 dizaines et 3 unités : ....

6 dizaines : ....

9 dizaines et 9 unités : ....

3 dizaines et 4 unités : ....

7 unités : ....

9 dizaines et 2 unités : ....

4 dizaines : ....

4 Colorie de la même couleur les écritures équivalentes.

40	52	10 + 10 + 10 + 10	10 + 10 + 10 + 10 + 10 + 2	
4 dizaines	20	10 + 10	5 dizaines et 2 unités	2 dizaines

Évaluation — *Un pétale par exercice juste.* Colorie ton résultat.

★ 3 Comparer et ranger les nombres jusqu'à 100

1 Complète les deux tableaux.

Nombre juste avant	Nombre	Nombre juste après
....	22	....
....	46	....
....	68	....
....	37	....
....	72	....

Nombre juste avant	Nombre	Nombre juste après
....	30	....
....	69	....
....	79	....
....	20	....
....	99	....

2 Compare les nombres en utilisant les signes >, <, =.

28 ...... 30 | 12 ...... 10 | 41 ...... 40 | 14 41

30 ...... 70 | 63 ...... 36 | 63 ...... 63 | 21 12

89 ...... 90 | 89 ...... 89 | 100 ...... 99 | 2 20

3 Dans chaque série, colorie en jaune le nombre le plus petit et en vert le nombre le plus grand.

22	12	32	2	62

42	44	84	24	64

58	54	57	51	50

99	94	49	97	90

36	63	83	93	3

4 Écris un nombre possible.

22 > .... | 10 < .... | 17 > .... | .... > 23

63 < .... | 19 < .... | 45 = ... | 2 > ....

Évaluation *Un pétale par exercice juste. Colorie ton résultat.*

★★ 4 Comparer et ranger les nombres jusqu'à 100

1 Complète les deux tableaux.

Nombre juste avant terminé par 0	Nombre	Nombre juste après terminé par 0
....	32	....
....	54	....
....	12	....
....	26	....

Nombre juste avant terminé par 0	Nombre	Nombre juste après terminé par 0
....	86	....
....	74	....
....	99	....
....	91	....

2 Range les nombres de chaque série dans l'ordre croissant.

88 - 26 - 14 - 98 - 3 - 82 - 68 - 56 - 17 - 15

....

76 - 26 - 23 - 72 - 29 - 70 - 21 - 78 - 30 - 77

....

3 Range les nombres de chaque série dans l'ordre décroissant.

17 - 100 - 22 - 96 - 61 - 63 - 32 - 57 - 10 - 6

....

84 - 89 - 46 - 88 - 44 - 48 - 40 - 83 - 80 - 47

....

4 Place sur la ligne les nombres suivants.

21 - 35 - 46 - 51 - 58 - 63 - 69 - 75

..........20..........30..........40..........50..........60..........70..........80..........

Évaluation — *Un pétale par exercice juste.* *Colorie ton résultat.*

1 Sur cette bande, colorie les nombres jusqu'à 500.

0 100 200 300 400 500 600 700 800 900 1 000

2 Complète ce tableau.

	c	d	u	Nombre
3 centaines 9 dizaines 4 unités	3	9	4	394
2 centaines 4 dizaines 6 unités	.....	.....	.....	.....
3 centaines 2 dizaines 3 unités	.....	.....	.....	.....
6 dizaines 2 unités	.....	.....	.....	.....
5 centaines	.....	.....	.....	.....

3 Continue la suite des nombres.

100 - 101 - .... - .... - .... - .... - .... - .... - .... - .... - 110

200 - .... - .... - .... - .... - 205 - .... - .... - .... - .... - 210

270 - .... - .... - 273 - .... - .... - .... - .... - .... - .... - ....

450 - .... - .... - .... - .... - .... - .... - .... - .... - .... - ....

4 Calcule le nombre de points correspondant à ces jetons.

Ces jetons correspondent à .... points.

Évaluation *Un pétale par exercice juste. Colorie ton résultat.*

★★ 6 Connaître les nombres jusqu'à 500

1 Écris ces nombres en chiffres.

deux-cents : .... cinq-cents : ....

cent-vingt-deux : .... trois-cent-quarante-six : ....

quatre-cent-douze : .... cent-quatre-vingts : ....

deux-cent-soixante : .... vingt-sept : ....

2 Écris ces nombres en lettres.

300 : .... 124 : ....

320 : .... 415 : ....

450 : .... 500 : ....

368 : ....

185 : ....

3 Écris le résultat.

100 + 100 + 10 + 10 + 4 = ...

100 + 100 + 100 + 100 + 10 + 10 + 10 + 6 = ...

300 + 50 + 4 = ...

200 + 80 + 5 = ...

4 Décompose ces nombres. Sers-toi de l'exemple.

225 = 200 + 20 + 5

456 = ... 500 = ...

222 = ... 999 = ...

Évaluation Un pétale par exercice juste. Colorie ton résultat.

1 Complète les deux tableaux.

Nombre juste avant	Nombre	Nombre juste après
....	245	....
....	322	....
....	106	....
....	198	....
....	432	....

Nombre juste avant	Nombre	Nombre juste après
....	401	....
....	399	....
....	300	....
....	269	....
....	130	....

2 Compare les nombres en utilisant les signes >, <, =.

188 ...... 190 235 ...... 220 356 ...... 356 238 241

499 ...... 500 369 ...... 269 109 ...... 190 380 308

200 ...... 200 198 ...... 197 122 ...... 122 374 437

3 Dans chaque série, colorie en jaune le nombre le plus petit et en vert le nombre le plus grand.

268	125	17	362	400

168	222	333	444	445

500	236	499	259	50

236	268	269	228	206

82	85	81	89	80

4 Écris un nombre possible.

250 < .... < 256 100 < .... < 200 185 < .... < 190

400 < .... < 450 350 < .... < 400 182 < .... < 184

Évaluation *Un pétale par exercice juste. Colorie ton résultat.*

★★ 8 *Comparer et ranger les nombres jusqu'à 500*

1 Complète les deux tableaux.

Nombre juste avant terminé par 0	Nombre	Nombre juste après terminé par 0
....	56	....
....	125	....
....	423	....
....	115	....
....	368	....

Nombre juste avant terminé par 00	Nombre	Nombre juste après terminé par 00
....	189	....
....	459	....
....	236	....
....	341	....
....	198	....

2 Range les nombres dans l'ordre croissant.

250 - 150 - 350 - 100 - 380 - 450 - 420 - 500 - 480 - 10

....

3 Range les nombres dans l'ordre décroissant.

200 - 100 - 150 - 350 - 500 - 400 - 450 - 250 - 50 - 300

....

4 Place ces nombres dans les étiquettes vides.

122 - 252 - 320 - 184 - 88 - 23 - 286

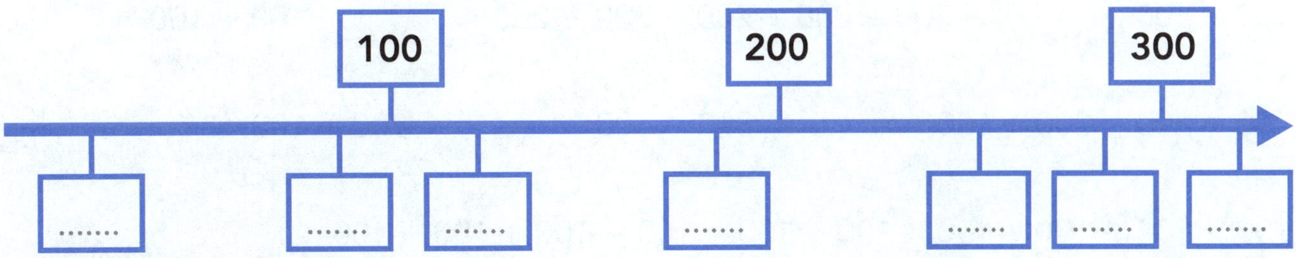

Évaluation *Un pétale par exercice juste. Colorie ton résultat.*

★ 9 Connaître les nombres jusqu'à 1 000

1 Sur cette bande, colorie les nombres jusqu' à 1 000.

0 100 200 300 400 500 600 700 800 900 1 000

2 Complète ce tableau.

	m	c	d	u	Nombre
6 centaines 9 dizaines 6 unités		6	9	6	696
9 centaines 4 dizaines 9 unités	.....	.....	.....	.....	....
8 centaines 6 unités	.....	.....	.....	.....	....
7 dizaines	.....	.....	.....	.....	....
10 centaines	.....	.....	.....	.....	....

3 Continue la suite des nombres.

500 - .... - .... - .... - .... - .... - .... - .... - .... - .... - ....

700 - .... - .... - .... - .... - .... - .... - .... - .... - .... - ....

970 - .... - .... - .... - .... - .... - .... - .... - .... - .... - ....

990 - .... - .... - .... - .... - .... - .... - .... - .... - .... - ....

4 Entoure les sommes égales à 1 000.

500 + 500 200 + 200 + 200 + 200 + 200 100 + 100

500 + 200 + 200 + 100 500 + 400 900 + 100

100 + 100 + 100 + 100 + 100 + 100 + 100 + 100 + 100 + 100

Évaluation *Un pétale par exercice juste. Colorie ton résultat.*

★★ 10 Connaître les nombres jusqu'à 1 000

1 Écris ces nombres en chiffres.

huit-cents : ....

huit-cent-quatre-vingt-deux : ....

neuf-cent-trente : ....

deux-cent-sept : ....

neuf-cent-cinquante : ....

mille : ....

sept-cent-soixante-douze : ....

quatorze : ....

2 Écris ces nombres en lettres.

700 : ....

801 : ....

810 : ....

1 000 : ....

950 : ....

645 : ....

531 : ....

623 : ....

3 Écris le résultat.

200 + 200 + 200 + 10 + 10 + 10 + 3 = ...

500 + 100 + 100 + 10 + 10 + 4 = ...

500 + 500 = ...

100 + 100 + 100 + 100 + 100 + 100 + 5 = ...

4 Décompose ces nombres (sers-toi de l'exemple).

722 = 700 + 20 + 2

612 = ...

546 = ...

823 = ...

902 = ...

Évaluation *Un pétale par exercice juste. Colorie ton résultat.*

1 Complète les deux tableaux.

Nombre juste avant	Nombre	Nombre juste après
....	621	....
....	734	....
....	806	....
....	952	....
....	526	....

Nombre juste avant	Nombre	Nombre juste après
....	600	....
....	789	....
....	799	....
....	669	....
....	999	....

2 Compare les nombres en utilisant les signes >, <, =.

888 ...... 808　　653 ...... 653　　770 ...... 570　　892 928

599 ...... 500　　896 ...... 895　　742 ...... 742　　699 690

850 ...... 840　　772 ...... 777　　906 ...... 960　　990 ...... 1 000

3 Dans chaque série, colorie en jaune le nombre le plus petit et en vert le nombre le plus grand.

635	589	762	841	902

963	1 000	958	936	900

786	723	749	766	792

868	858	828	888	898

562	560	568	567	565

4 Écris un nombre possible.

965 < .... < 968　　700 < .... < 703　　800 < .... < 890

600 < .... < 610　　750 < .... < 752　　805 < .... < 808

Évaluation *Un pétale par exercice juste. Colorie ton résultat.*

★★ 12 Comparer et ranger les nombres jusqu'à 1 000

1 Complète les deux tableaux.

Nombre juste avant terminé par 0	Nombre	Nombre après terminé par 0
....	652	....
....	823	....
....	519	....
....	732	....
....	954	....

Nombre avant terminé par 00	Nombre	Nombre après terminé par 00
....	963	....
....	621	....
....	809	....
....	758	....
....	501	....

2 Range les nombres dans l'ordre croissant.

650 - 702 - 540 - 860 - 580 - 930 - 990 - 640 - 780 - 500

....

3 Range les nombres dans l'ordre décroissant.

900 - 800 - 850 - 500 - 600 - 700 - 750 - 1 000 - 950 - 550

....

4 Place ces nombres dans les étiquettes vides.

580 - 672 - 520 - 850 - 615 - 730 - 763

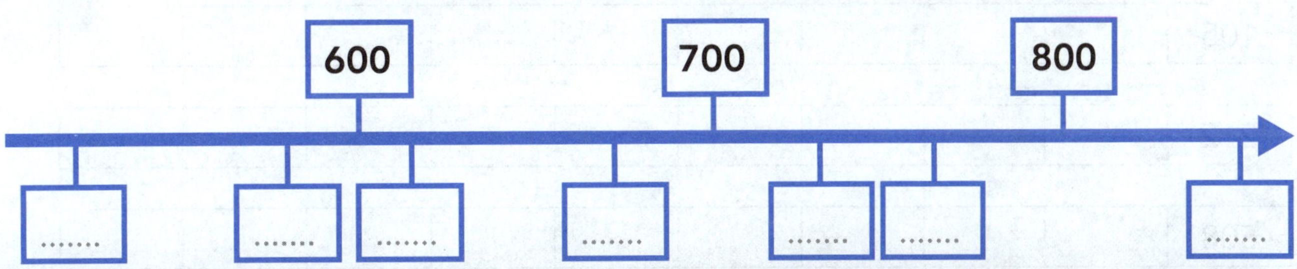

Évaluation *Un pétale par exercice juste. Colorie ton résultat.*

1 **Complète cette suite de nombres dans le serpent.**

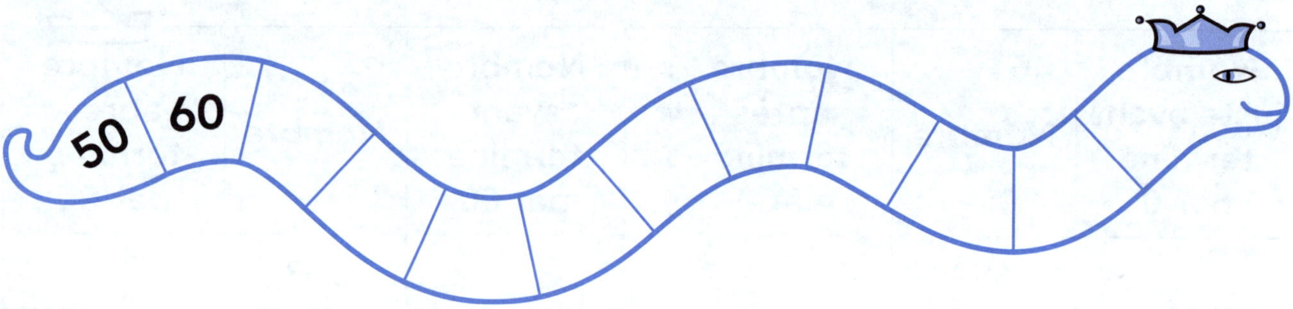

2 **Poursuis ces suites de nombres.**

20 - 30 - .... - .... - .... - .... - .... - .... - .... - 110 - .... - .... - ....

200 - 210 - .... - .... - .... - .... - .... - .... - .... - .... - .... - ....

400 - 410 - .... - .... - .... - .... - .... - .... - .... - .... - .... - ....

880 - 890 - .... - .... - .... - .... - .... - .... - .... - .... - .... - ....

3 **Poursuis ces suites de nombres.**

100 - 90 - .... - .... - .... - .... - .... - .... - .... - ....

200 - 190 - .... - .... - .... - .... - .... - .... - .... - ....

400 - .... - .... - .... - .... - .... - .... - .... - ....

1 000 - .... - .... - .... - .... - .... - .... - .... - ....

4 **Compte de 10 en 10.**

11	21								

105									

212									

508									

Évaluation *Un pétale par exercice juste. Colorie ton résultat.*

14 La suite des nombres de 100 en 100

1 Complète cette suite de nombres dans le serpent.

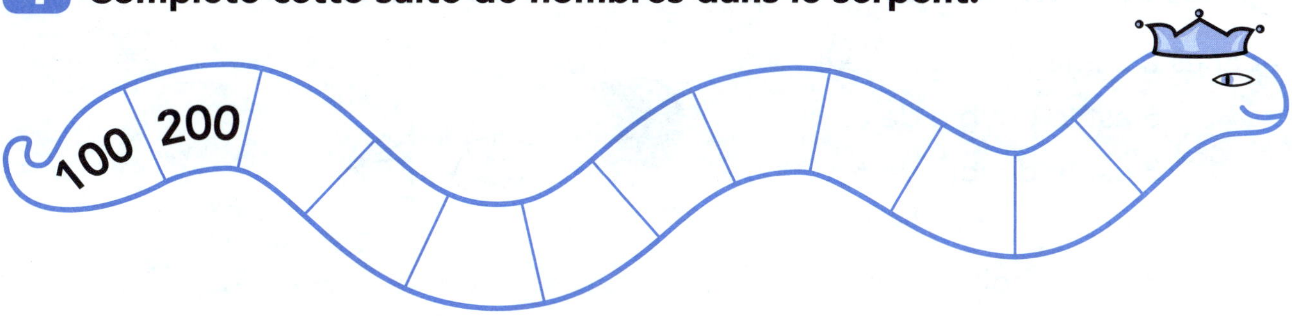

2 Poursuis ces suites de nombres.

200 - 300 - .... - .... - .... - .... - .... - ....

250 - 350 - .... - .... - .... - .... - .... - ....

420 - 520 - .... - .... - .... - .... - .... - ....

340 - .... - .... - .... - .... - .... - .... - ....

3 Poursuis ces suites de nombres.

1000 - 900 - .... - .... - .... - .... - .... - .... - .... - ....

750 - 650 - .... - .... - .... - .... - .... - ....

680 - .... - .... - .... - .... - .... - ....

990 - .... - .... - .... - .... - .... - .... - .... - .... - ....

4 Compte de 100 en 100.

10	110	210							

330	430					

220							

2									

Évaluation — *Un pétale par exercice juste. Colorie ton résultat.*

★ 15 Double et moitié des nombres d'usage courant

1 Lis attentivement l'énoncé et coche les bonnes cases.

Jacques a 3 images et Élodie en a 6.

- ☐ 6 est le double de 3
- ☐ 3 est le double de 6
- ☐ 6 est la moitié de 3
- ☐ 3 est la moitié de 6

2 Relie chaque nombre de gauche à sa moitié.

8 ●	● 7	30 ●	● 40
20 ●	● 20	50 ●	● 15
14 ●	● 4	60 ●	● 25
16 ●	● 10	80 ●	● 50
40 ●	● 8	100 ●	● 30

3 Écris le double de chaque nombre.

4 →	20 →	40 → ....
2 →	11 →	8 → ....
1 →	12 →	10 → ....
50 →	10 →	100 → ....

4 Complète ces phrases.

10 est le double de ....

12 est le double de ....

40 est le double de ....

100 est le .... de 50.

Évaluation *Un pétale par exercice juste. Colorie ton résultat.*

★★ 16 Double et moitié des nombres d'usage courant

1 Relie chaque nombre de gauche à son double.

2 •	• 16	40 •	• 40
4 •	• 12	20 •	• 50
6 •	• 8	25 •	• 60
8 •	• 20	50 •	• 80
10 •	• 4	30 •	• 100

2 Écris la moitié de chaque nombre.

30 → .... 14 → .... 40 → ....

10 → .... 18 → .... 50 → ....

20 → .... 12 → .... 0 → ....

8 → .... 80 → .... 100 → ....

3 Complète ces phrases.

10 est la moitié de ....

6 est la moitié de ....

5 est la moitié de ....

50 est la .... de ....

4 Complète ces phrases.

8 est le double de .... et la moitié de ....

10 est le double de .... et la moitié de ....

40 est le double de .... et la moitié de ....

100 est le double de .... et la moitié de ....

Évaluation *Un pétale par exercice juste. Colorie ton résultat.*

COUP DE POUCE !

1 Les nombres

Voici le nombre 432 que nous allons expliquer ensemble.

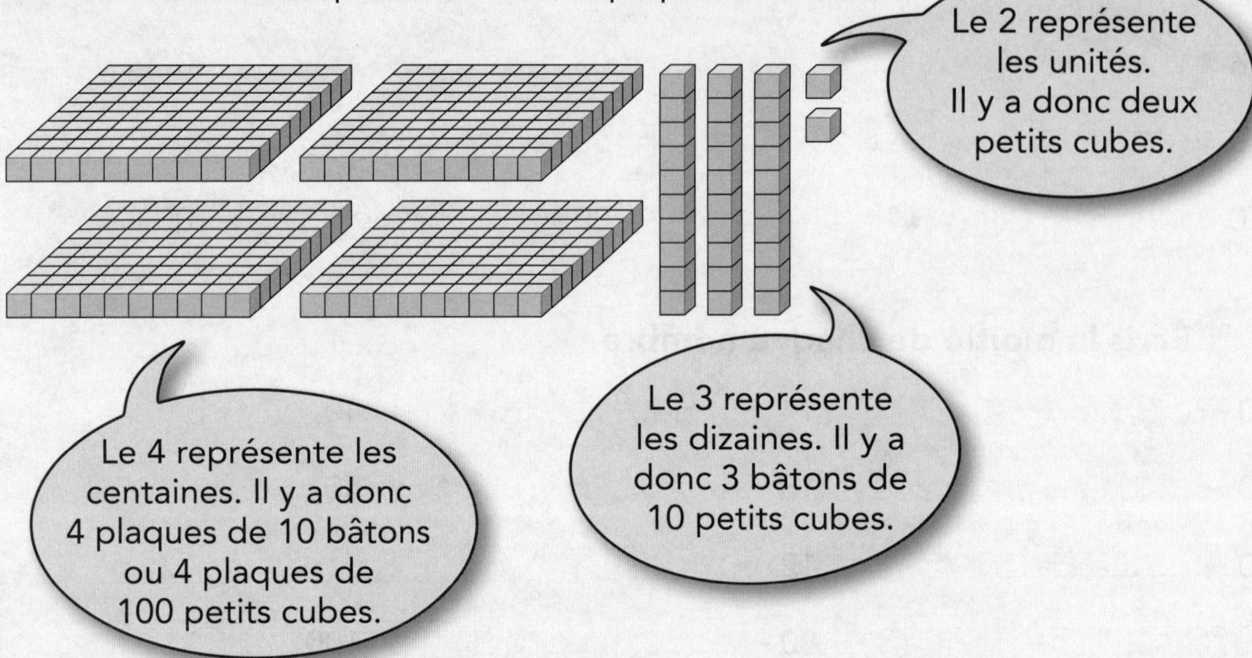

Ainsi, on peut écrire ce nombre dans le tableau en respectant bien la place de chaque chiffre.

Centaines (c)	Dizaines (d)	Unités (u)
4	3	2

Dès qu'il y a 10 centaines dans un nombre, ont atteint le millier : 1 000
Le tableau a alors une colonne de plus, celle des milliers.

Milliers (m)	Centaines (c)	Dizaines (d)	Unités (u)
1	0	0	0

2 Les doubles et les moitiés

- Le double d'un nombre signifie que ce nombre est multiplié par 2.
  → le double de 4 est 8 car 4 x 2 = 8

- La moitié d'un nombre signifie que ce nombre est divisé par 2.
  → la moitié de 8 est 4 car 8 : 2 = 4

Calcul

Pour t'aider dans la réalisation des exercices, reporte-toi à la page *Coup de pouce !* page 46.

1 Écris le résultat.

5 + 5 = ...	3 + 7 = ...	8 + 2 = ...
6 + 4 = ...	7 + 3 = ...	9 + 1 = ...
2 + 8 = ...	1 + 9 = ...	4 + 6 = ...

2 Écris le résultat.

10 + 10 = ...	8 + 8 = ...	6 + 6 = ...
10 + 5 = ...	12 + 8 = ...	7 + 7 = ...
11 + 9 = ...	4 + 4 = ...	9 + 9 = ...

3 Écris le résultat.

10 + ... = 16	12 + ... = 20	20 + ... = 30
.... + 5 = 25	11 + ... = 20	10 + ... = 18
.... + 20 = 40	.... + 10 = 50	17 + ... = 20

4 Écris le résultat.

10 – 5 = ...	4 – 2 = ...	8 – 4 = ...
20 – 10 = ...	12 – 6 = ...	14 – 7 = ...
18 – 9 = ...	15 – 5 = ...	16 – 8 = ...

Évaluation *Un pétale par exercice juste. Colorie ton résultat.*

1 Écris le résultat.

10 + 10 + 10 + 5 = ... 10 + 10 + 7 = ... 10 + 8 = ...

10 + 10 + 10 + 10 + 10 + 9 = ... 10 + 10 + 10 + 10 + 3 ....

10 + 10 + 10 + 10 + 10 + 10 + 10 + 8 = ...

10 + 10 + 10 + 10 + 10 + 10 + 10 + 10 + 10 + 2 = ...

2 Écris le résultat.

20 + 8 = ... 40 + 7 = ... 50 + 6 = ...

20 + 20 + 2 = ... 50 + 10 + 6 = ... 30 + 30 + 2 = ...

100 + 100 + 10 + 8 = ... 200 + 200 + 100 + 10 + 2 = ...

3 Complète ces égalités. Sers-toi de l'exemple.

100 + 20 + 5 = 125 156 = ... + ... + 6

100 + ... + ... = 132 100 + 40 + 3 = ...

181 = ... + ... + ... + 20 + ... = 128

4 Écris le résultat.

100 – 50 = ... 20 – 10 = ... 40 – 20 = ...

80 – 40 = ... 60 – 30 = ... 100 – 30 = ...

100 – 70 = ... 70 – 20 = ... 90 – 80 = ...

Évaluation Un pétale par exercice juste. Colorie ton résultat.

1 Représente la deuxième addition dans le tableau. Sers-toi de l'exemple.

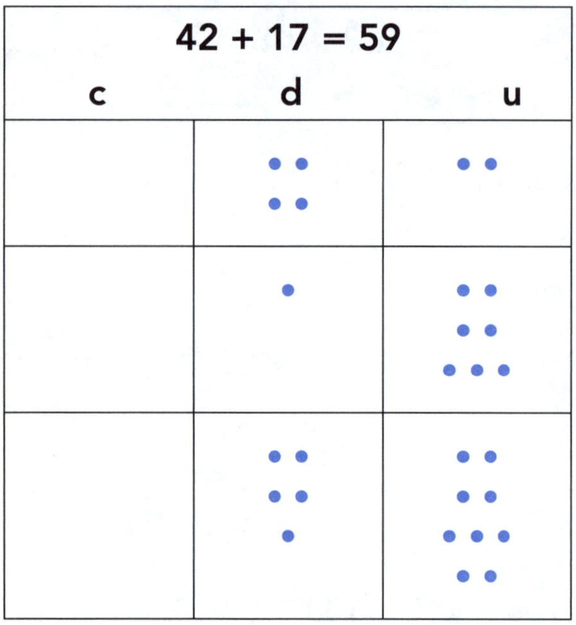

	26 + 12 = ...		
	c	d	u
+			
=			

2 Calcule ces additions.

$$\begin{array}{r} 42 \\ +\ 27 \\ \hline \ldots\ldots \end{array} \qquad \begin{array}{r} 167 \\ +\ 112 \\ \hline \ldots\ldots \end{array} \qquad \begin{array}{r} 401 \\ +\ 214 \\ \hline \ldots\ldots \end{array} \qquad \begin{array}{r} 185 \\ +\ 11 \\ \hline \ldots\ldots \end{array}$$

3 Calcule ces additions.

$$\begin{array}{r} 33 \\ +\ 12 \\ +\ 22 \\ \hline \ldots\ldots \end{array} \qquad \begin{array}{r} 142 \\ +\ 124 \\ +\ 211 \\ \hline \ldots\ldots \end{array} \qquad \begin{array}{r} 360 \\ +\ 210 \\ +\ 220 \\ \hline \ldots\ldots \end{array} \qquad \begin{array}{r} 310 \\ +\ 42 \\ +\ 133 \\ \hline \ldots\ldots \end{array}$$

4 Complète cette table d'addition.

+	2	4	0	6
5	....	....	....	....
8	....	....	....	....
3	....	....	....	....
1	....	....	....	....

Évaluation *Un pétale par exercice juste. Colorie ton résultat.*

1 **Représente la deuxième addition dans le tableau. Sers-toi de l'exemple.**

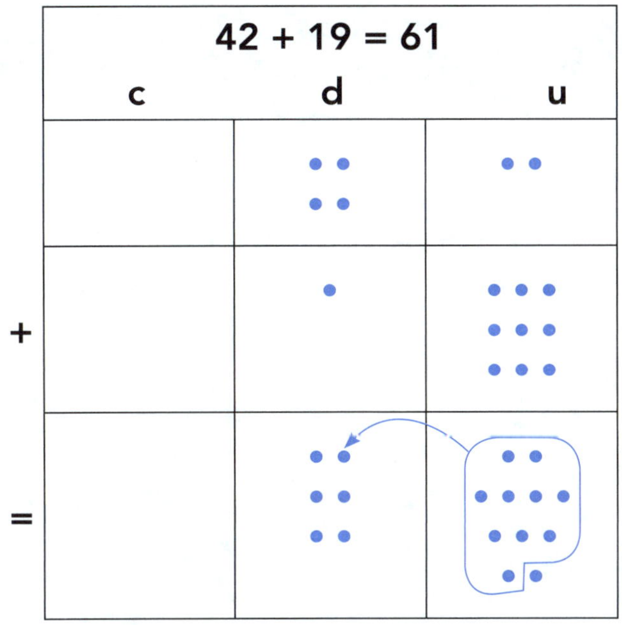

	63 + 48 = ...	
c	d	u

(+ devant la deuxième ligne, = devant la troisième ligne)

2 **Calcule ces additions.**

```
  2 5 6        7 5      5 6 5      6 7 5
+ 5 2 5    + 1 4 6    + 3 5 7    + 1 3 9
.......    .......    .......    .......
```

3 **Calcule ces additions.**

```
  4 4 7      5 2 7      2 7 8      1 0 2
+ 1 6 2    + 2 7 4    + 2 2 3    + 5 1 7
+   3 3    + 1 4 1    + 1 8 4    + 1 6 6
.......    .......    .......    .......
```

4 **Pose et calcule ces additions.**

68 + 49 = ... 84 + 77 = ... 125 + 66 = ... 240 + 74 + 8 = ...

Évaluation — *Un pétale par exercice juste. Colorie ton résultat.*

La soustraction

1 Pour chaque enfant, barre les billes perdues durant la récréation. Indique alors combien il en reste.

Xavier

1 2
– 7
....

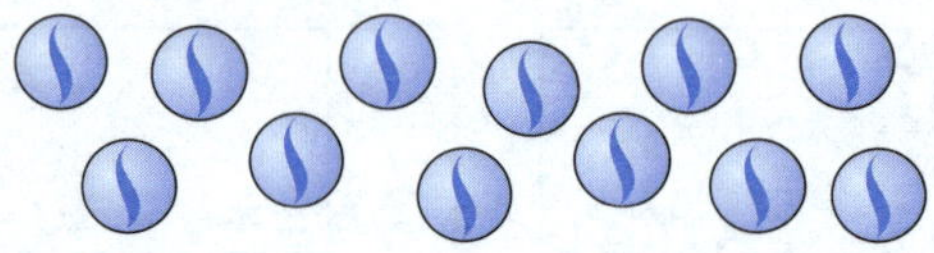

Jacques

2 5
– 1 7
....

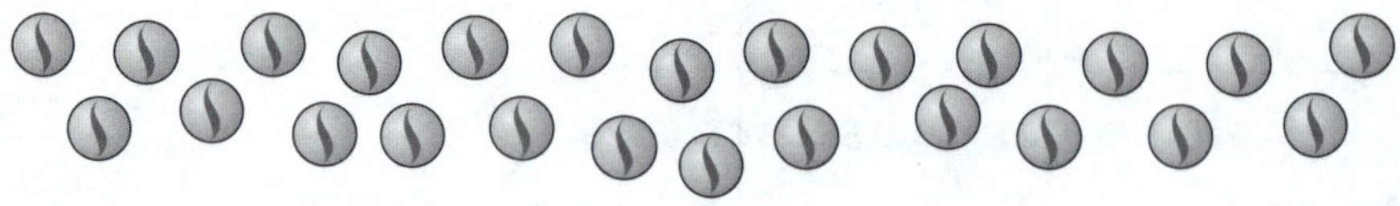

Laurent

3 6
– 1 9
....

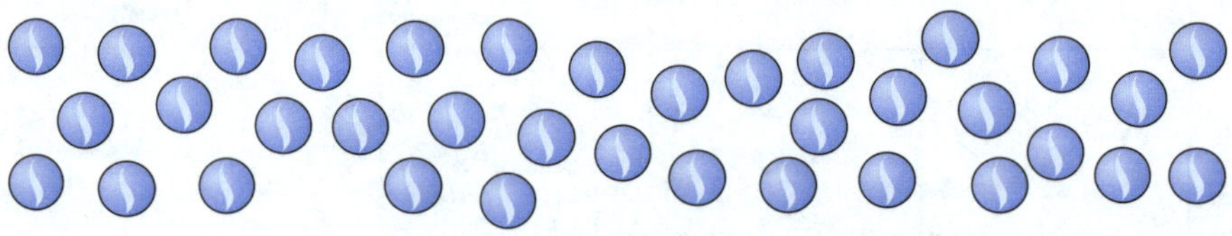

2 Effectue ces soustractions. Commence par les unités. Sers-toi de l'exemple.

6 6	4 2	8 8	7 8	9 7
– 1 5	– 1 1	– 1 5	– 2 3	– 2 7
↓ ↓ 5 1	....	....	....	....

3 Calcule ces soustractions.

2 5	6 9	8 7	1 8 5	2 7 6
– 1 5	– 3 4	– 2 4	– 4 5	– 5 5
....	....	....	....	....

4 Pose et calcule ces soustractions.

97 – 26 = ... 104 – 23 = ... 225 – 12 = ... 87 – 63 = ...

Évaluation *Un pétale par exercice juste. Colorie ton résultat.*

★★ 6 La soustraction

1 Observe bien l'exemple et calcule ces soustractions.
Sers-toi de la page *Coup de pouce !* page 46.

~~5~~ (4) 1 4	2 3	8 7	5 2	9 1
– 1 6	– 1 6	– 3 9	– 1 4	– 4 9
3 8	....	....	....	....

2 Calcule ces soustractions.

2 2	1 3 4	2 2 8	3 4 5	4 0 7
– 1 4	– 9 7	– 1 6 3	– 1 2 8	– 1 3 8
....	....	....	....	....

3 Pose et calcule ces soustractions.

83 – 36 = ... 117 – 38 = ... 158 – 67 = ...

254 – 87 = ... 328 – 149 = ...

4 Calcule les soustractions et colorie en respectant le code des couleurs.

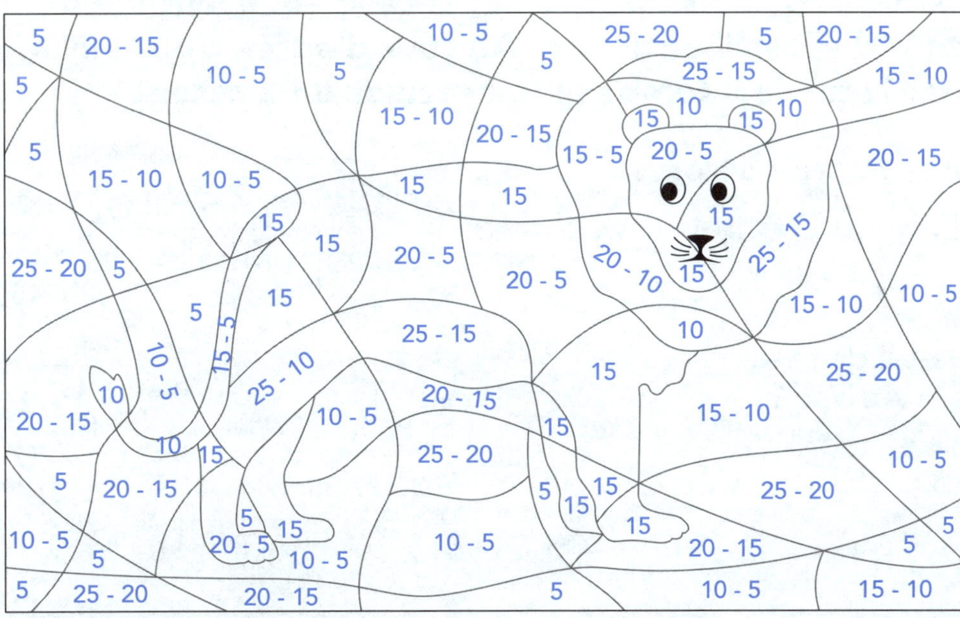

15 : jaune

10 : marron

5 : vert

Évaluation Un pétale par exercice juste. Colorie ton résultat.

7 Problèmes relevant de l'addition et de la soustraction

1 Dans l'école des Bois, il y a cinq classes. Un CP avec 25 élèves, un CE1 avec 26 élèves, un CE2 avec 26 élèves, un CM1 avec 30 élèves et un CM2 avec 25 élèves.

Combien d'élèves sont inscrits au Cours élémentaire (CE1 et CE2) ?

....

Combien y a –t-il d'élèves dans cette école ?

....

2 Une salle de théâtre dispose de 650 places assises. Pour la représentation de la pièce « Le malade imaginaire » de Molière, le théâtre a vendu 442 places au plein tarif et 103 places au tarif réduit.

Combien de places ont déjà été vendues ?

....

Combien reste-t-il de places à vendre pour cette représentation ?

....

3 Paul joue au jeu de l'oie, il se trouve sur la case 46. Il lance le dé et obtient 5. Au tour d'après il obtient 6. Au tour d'après il obtient 3. La dernière case sur laquelle il tombe le fait reculer de 2 cases.

Sur quelle case Paul se trouve-t-il alors ?
Écris tous tes calculs.

....

Combien lui manque-t-il de cases pour atteindre la case *Arrivée* ?

....

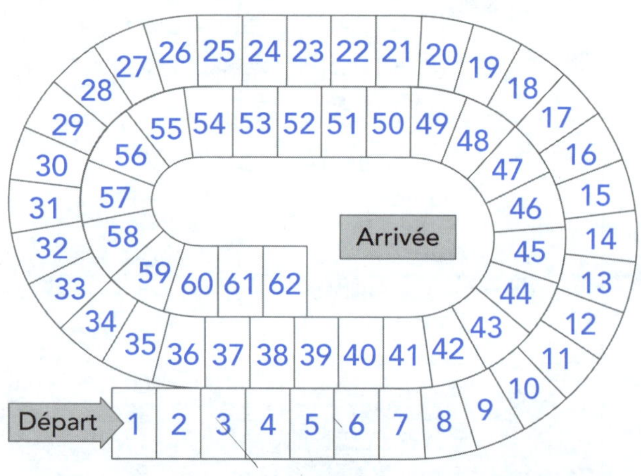

Évaluation

Un pétale pour chacun des exercices 1 et 2.
Deux pétales pour l'exercice 3. Colorie ton résultat.

1 À la fin de l'année scolaire, la coopérative dispose encore de 254 €. La classe de CE1 souhaite se rendre au cirque. L'entrée coûte 95 € pour la classe. Le transport en autobus coûte 45 €.

Combien coûte cette sortie ?

La coopérative peut-elle la financer ? ☐ oui ☐ non

Explique ta réponse.

2 Un autobus transporte 53 passagers. Au premier arrêt, 5 personnes descendent et personne ne monte. Au deuxième arrêt, 3 personnes montent et personne ne descend. Au troisième arrêt, 12 personnes descendent et 4 montent.

Combien l'autobus transporte-t-il de passagers après le troisième arrêt ?

3 Un fleuriste a 65 roses rouges à vendre. Un premier client lui en achète 20. Un second client lui en achète 10.

Combien reste-t-il de roses au fleuriste ?

Le lendemain matin, le fleuriste achète 40 nouvelles roses.
De combien de roses dispose-t-il alors ?

Évaluation

Deux pétales pour pour l'exercice 1.
Un pétale pour chacun des exercices 1 et 2. Colorie ton résultat.

1 Complète l'opération pour calculer le nombre de stylos.

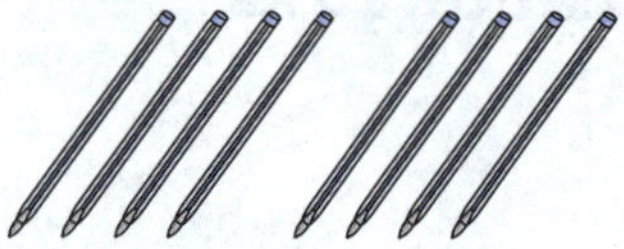

2 x 4 = 8

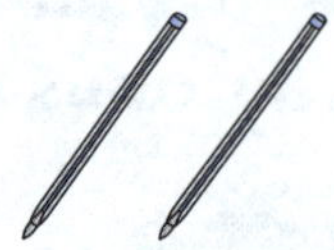

...... x ...... = ...

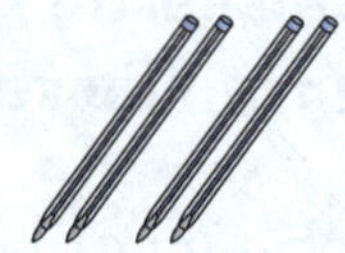

2 x ...... = ...

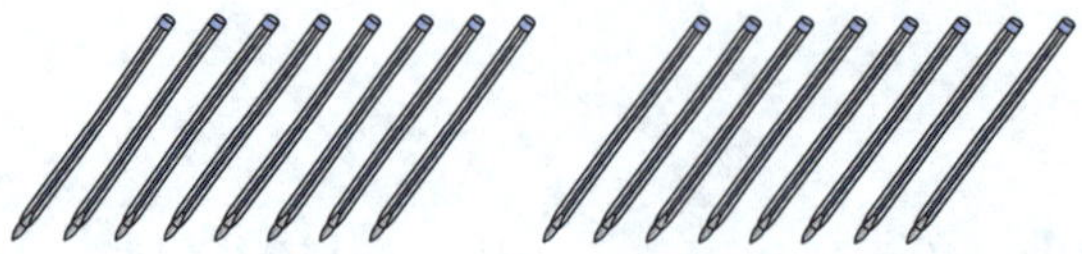

2 x ...... = ...

2 Dessine des stylos pour représenter l'opération proposée.

2 x 7 = 14

2 x 3 = 6

3 Complète cette table de multiplication.

x	1	2	3	4	5	6	7	8	9	10
2	......	......	......	......	......	......	14	......	......	......

4 Réponds aux questions.

Dans 8 combien de fois 2 ? ...... fois

Dans 10 combien de fois 2 ? ...... fois

Dans 14 combien de fois 2 ? ...... fois

Dans 2 combien de fois 2 ? ...... fois

Dans 18 combien de fois 2 ? ...... fois

Dans 20 combien de fois 2 ? ...... fois

Attention, c'est un peu plus difficile !

Dans 22 combien de fois 2 ? ...... fois

Dans 100 combien de fois 2 ? ...... fois

Évaluation

Un pétale par exercice juste. Colorie ton résultat.

1 Complète l'opération pour indiquer le nombre de crayons.

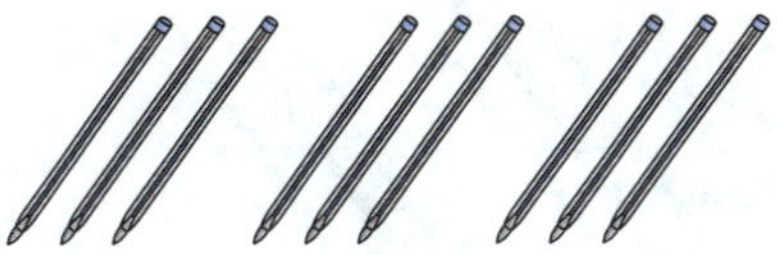

3 x 3 = ...

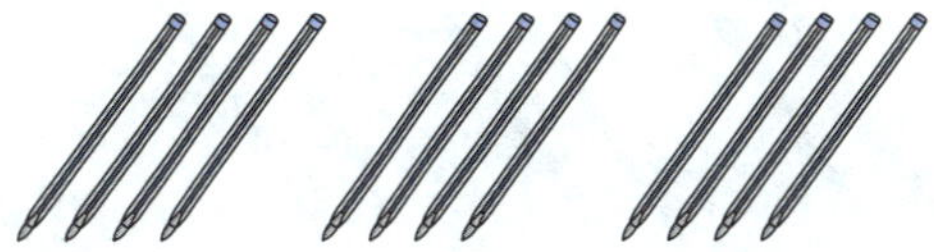

3 x 4 = ...

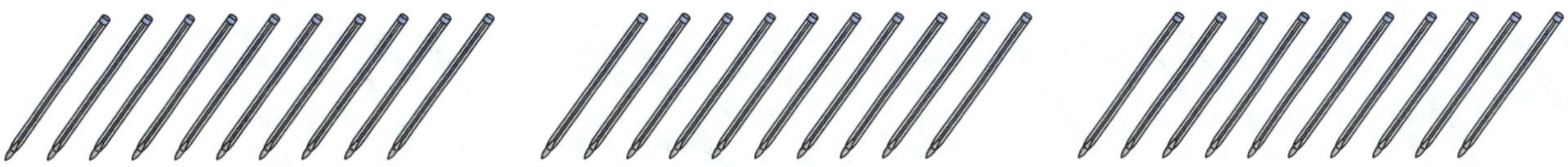

...... x ...... = ...

2 Dessine des stylos pour représenter l'opération proposée puis complète-la.

3 x 8 = ...

3 x 6 = ...

3 Complète cette table de multiplication.

x	1	2	3	4	5	6	7	8	9	10
3	......	......	......	......	......	......	......	......	......	......

4 Réponds aux questions.

Dans 15 combien de fois 3 ? ...... fois.

Dans 21 combien de fois 3 ? ...... fois.

Dans ...... combien de fois 3 ? 8 fois.

Dans 27 combien de fois 3 ? ...... fois.

Dans 30 combien de fois 3 ? ...... fois.

Dans 60 combien de fois 3 ? ...... fois.

Dans 90 combien de fois 3 ? ...... fois.

Dans ...... combien de fois 3 ? 6 fois.

Évaluation *Un pétale par exercice juste. Colorie ton résultat.*

1 Complète l'opération pour indiquer le nombre de crayons.

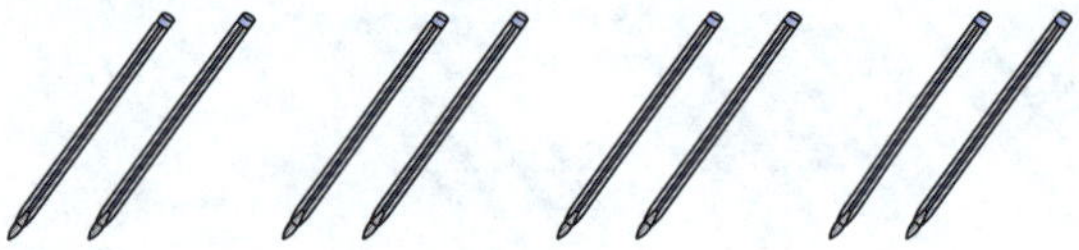

4 x 2 = ...

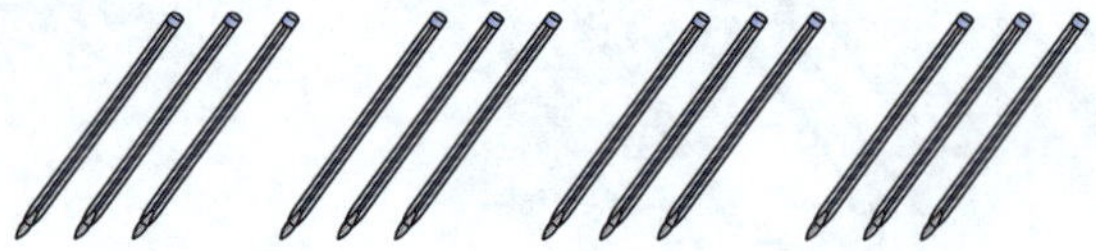

4 x ...... = ...

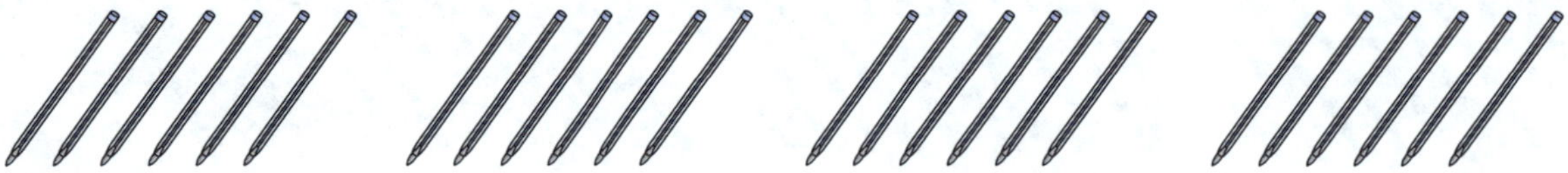

4 x ...... = ...

2 Dessine des stylos pour représenter l'opération proposée puis complète-la.

4 x 5 = ... 4 x 4 = ... 4 x 7 = ...

3 Complète cette table de multiplication.

x	1	2	3	4	5	6	7	8	9	10
4	......	......	......	......	......	......	......	......	36	......

4 Réponds aux questions.

Dans 20 combien de fois 4 ? ...... fois.

Dans ...... combien de fois 4 ? 7 fois.

Dans 36 combien de fois 4 ? ...... fois.

Dans 40 combien de fois 4 ? ...... fois.

Dans 44 combien de fois 4 ? ...... fois.

Dans ...... combien de fois 4 ? 4 fois.

Évaluation *Un pétale par exercice juste. Colorie ton résultat.*

12 Table de multiplication par 5

3 Complète l'opération pour indiquer le nombre de crayons.

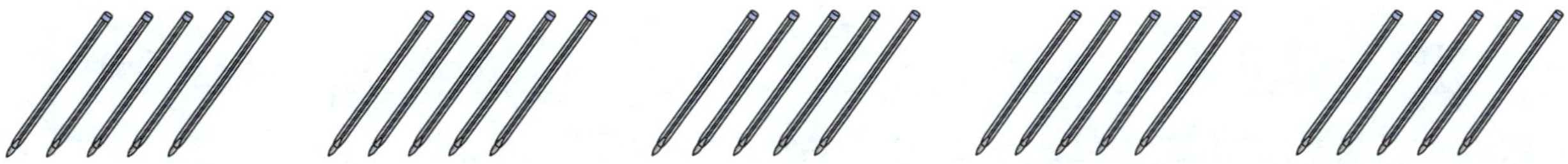

5 x ...... = ...

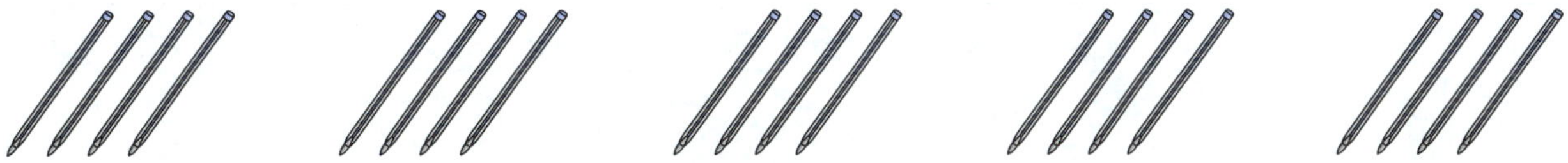

5 x ...... = ...

2 Dessine des stylos pour représenter l'opération proposée puis complète-la.

5 x 10 = ...

5 x 2 = ...

5 x 3 = ...

3 Complète cette table de multiplication.

x	1	2	3	4	5	6	7	8	9	10
5	......	......	......	......	......	......	......	......	......	......

4 Révision de toutes les tables apprises (sers-toi des fiches précédentes).

Dans 25 combien de fois 5 ? .... fois

Dans 32 combien de fois 8 ? .... fois

Dans 35 combien de fois 7 ? .... fois

Dans 30 combien de fois 6 ? .... fois

Dans 20 combien de fois 2 ? ...... fois

Dans 28 combien de fois 4 ? ...... fois

Dans 50 combien de fois 10 ? ...... fois

Dans 40 combien de fois 8 ? ...... fois

Évaluation *Un pétale par exercice juste. Colorie ton résultat.*

★ 13 La multiplication

1 Complète cette table de multiplication.

x	1	2	3	4	5	6	7	8	9	10
2	....	....	....	....	....	....	....	....	....	....
3	....	....	....	....	....	....	....	....	....	....
4	......	....	....	....	....	....	....	....	....	....
5	....	....	....	....	....	....	....	....	....	....

2 Complète ces produits à l'aide de la table de l'exercice 1.

5 x 6 = ...
4 x 5 = ...
4 x 8 = ...

3 x 6 = ...
5 x 8 = ...
3 x 10 = ...

2 x 9 = ...
5 x 5 = ...
4 x 4 = ...

3 x 3 = ...
2 x 2 = ...
4 x 10 = ...

3 Calcule ces multiplications.
Sers-toi de la page *Coup de pouce !* page 46.

5 x 10 = ...
2 x 10 = ...
8 x 10 = ...

10 x 10 = ...
9 x 10 = ...
12 x 10 = ...

14 x 10 = ...
20 x 10 = ...
30 x 10 = ...

50 x 10 = ...
80 x 10 = ...
100 x 10 = ...

4 Compare ces multiplications en utilisant les signes >, <, =.

4 x 7 ...... 4 x 8
9 x 6 ...... 6 x 9
7 x 7 ...... 7 x 7

4 x 5 ...... 7 x 4
5 x 5 ...... 5 x 8
8 x 11 ...... 10 x 8

3 x 15 ...... 3 x 20
8 x 5 ...... 9 x 8
9 x 7 ...... 7 x 9

Évaluation *Un pétale par exercice juste. Colorie ton résultat.*

14 La multiplication

CALCUL

1 Complète ces opérations.

8 x 20 = ...	5 x 200 = ...	30 x 5 = ...
7 x 200 = ...	3 x 50 = ...	20 x 200 = ...
50 x 50 = ...	10 x 200 = ...	4 x 40 = ...
8 x 200 = ...	5 x 20 = ...	9 x 300 = ...
2 x 700 = ...	2 x 300 = ...	7 x 50 = ...

2 Calcule ces multiplications en colonnes.

3 3	2 4	6 3	3 2	4 1
x 3	x 2	x 2	x 4	x 5
....	....	....	....	....

3 Calcule ces multiplications en colonnes.

4 8	3 9	4 7	4 6	3 7
x 2	x 5	x 4	x 3	x 2
....	....	....	....	....

4 Pose et calcule ces multiplications.

31 x 3 = ... 122 x 2 = ... 28 x 4 = ...

Évaluation *Un pétale par exercice juste. Colorie ton résultat.*

1 Partage ces collections de billes en 2 parties égales. Complète ensuite les opérations.

6 billes

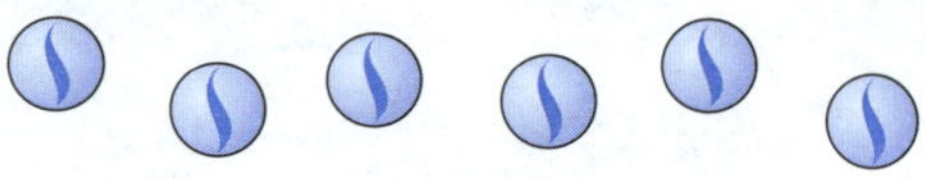

6 divisé par 2 = ...

6 : 2 = ... donc 2 x ...... = 6

16 billes

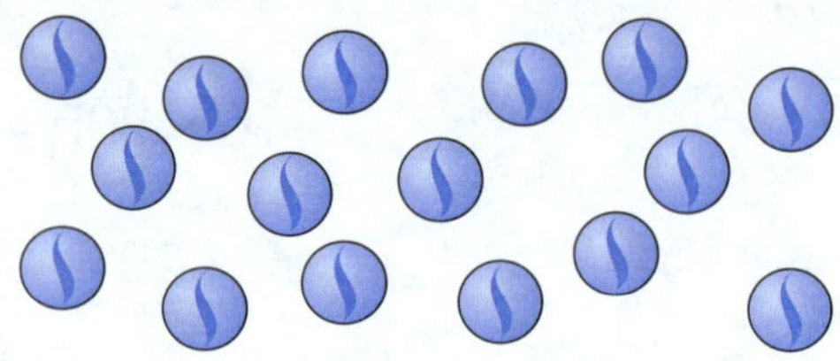

16 divisé par 2 = ...

16 : 2 = ... donc 2 x ...... = 16

2 Remplis cette table de multiplication puis complète les divisions.

x	1	2	3	4	5	6	7	8	9	10
2	......	......	......	......	......	......	......	......	......	......

10 : 2 = ... 18 : 2 = ... 4 : 2 = ... 20 : 2 = ... 2 : 2 = ...

3 Ces collections de billes sont partagées en deux. Complète ces opérations.

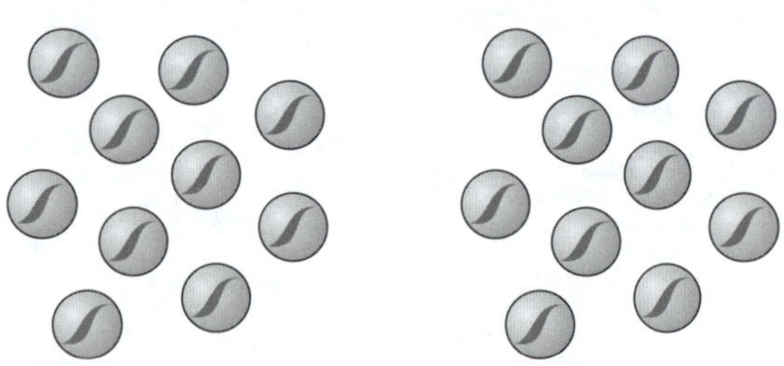

20 : 2 = ... donc 2 x ...... = ...

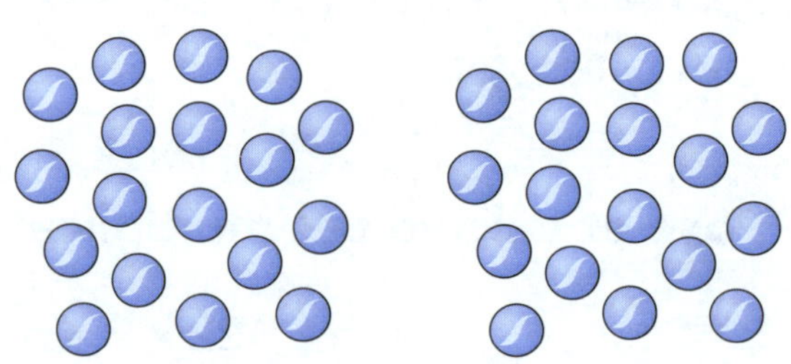

...... : 2 = ... donc 2 x ...... = ...

4 Complète ces divisions.

20 : 2 = ... 60 : 2 = ... 50 : 2 = ...

40 : 2 = ... 100 : 2 = ... 70 : 2 = ...

Évaluation *Un pétale par exercice juste. Colorie ton résultat.*

1 **Partage cette collection de 25 billes en 5 parties égales. Complète alors les opérations.**

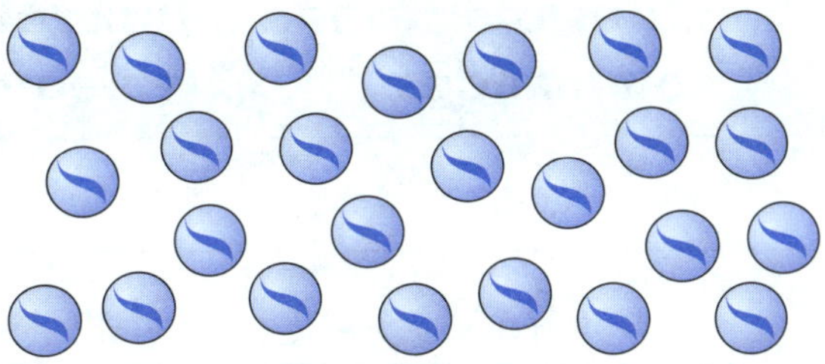

...... : 5 = ...

5 x ...... = ...

2 **Remplis cette table de multiplication et complète les divisions.**

x	1	2	3	4	5	6	7	8	9	10
5	......	......	......	......	......	......	......	......	......	......

10 : 5 = ...

40 : 5 = ...

50 : 5 = ...

30 : 5 = ...

5 : 5 = ...

25 : 5 = ...

35 : 5 = ...

45 : 5 = ...

3 **Observe cette collection de billes. Elle est divisée en 5 parties égales. Complète alors les opérations.**

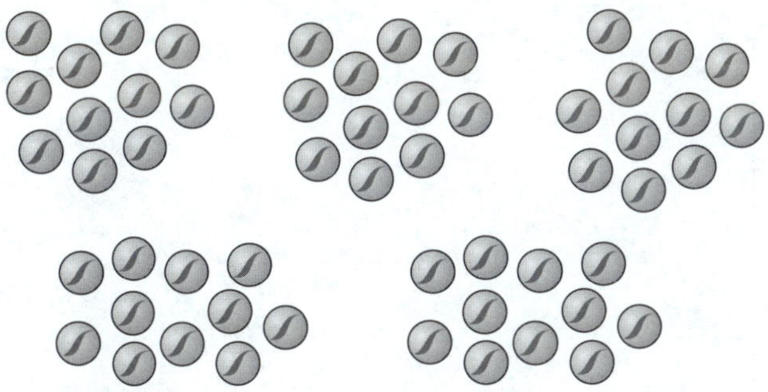

55 : 5 = ...

5 x ...... = ...

4 **Complète ces divisions.**

60 : 5 = ...

75 : 5 = ...

70 : 5 = ...

85 : 5 = ...

80 : 5 = ...

100 : 5 = ...

Évaluation — *Un pétale par exercice juste. Colorie ton résultat.*

17 Problèmes relevant de la multiplication

1 Complète ce bon de commande de fournitures pour une école.

Articles	Prix à l'unité (en euros)	Nombres d'articles commandés	Prix total (en euros)
Ramettes de papier	20	5	......
Pochettes de feutres	12	10	......
Cahiers de brouillon	2	50	......
Crayons à papier	1	70	......
Règles	2	40	......
Ciseaux	3	30	......
		TOTAL	......

2 Dans son potager, Monsieur Lecoq a planté des salades en rangées. Il y a 8 rangées contenant chacune 15 salades.

Combien y a-t-il de salades plantées dans ce potager ?
Tu peux t'aider d'un dessin.

....

....

....

....

....

....

....

....

Évaluation *Deux pétales par exercice juste. Colorie ton résultat.*

18 Problèmes relevant de la division

1 Pauline prépare des bouquets de 5 tulipes.
Aide-la à faire des bouquets identiques puis complète les phrases.

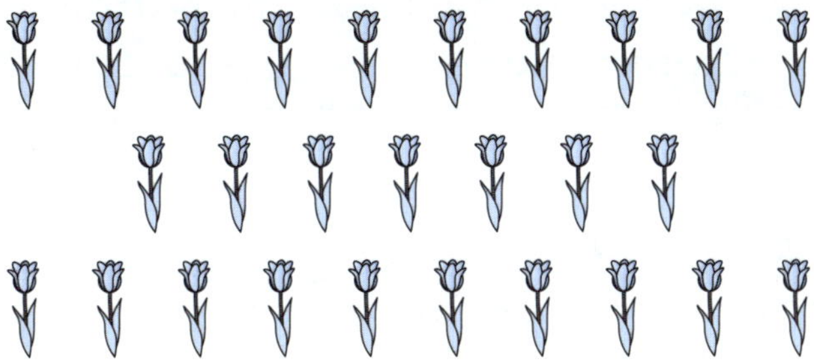

Pauline fait .... bouquets de 5 tulipes.

Il reste .... tulipes.

2 La fermière range ses œufs dans des boites de 6.
Aide-toi du dessin pour compléter la phrase.

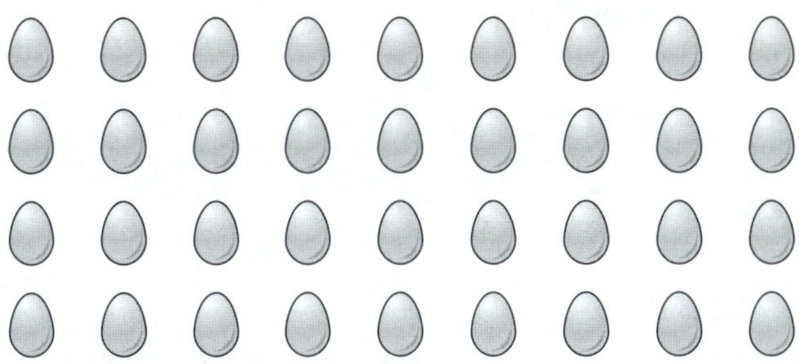

La fermière remplit .... boites.

3 Une grand-mère veut donner un peu d'argent de poche à ses deux petits enfants. Voici le contenu de son porte-monnaie qu'elle partage en deux. Complète la phrase.

Chaque enfant reçoit .... euros.

4 Après avoir vendu du muguet le 1er mai, Dany, Léa et Arthur se partagent équitablement les 29 euros qu'ils ont gagnés.

Combien d'euros reçoit chaque enfant ? ....

Reste-t-il des euros ? ☐ oui ☐ non Si oui, combien ? ....

Évaluation *Un pétale par exercice juste. Colorie ton résultat.*

L'intérieur de cet avion comporte 3 parties.

58 passagers peuvent s'asseoir dans chaque partie.
Utilise ta calculatrice pour répondre aux questions.

1 Combien cet avion a-t-il de places assises ?

...... x ...... = ... donc cet avion a ...... places assises.

2 Combien de places sont occupées quand :
la partie 1 contient 39 personnes, la partie 2 contient 47 personnes et la partie 3 contient 57 personnes ?

...... + ... + ... = ... donc il y a ...... places occupées dans cet avion.

Combien de places sont libres ?

...... – ...... = ... donc il y a ...... places libres dans cet avion.

3 Combien y a-t-il de passagers quand cet avion est à moitié plein ?

....

....

Évaluation

Un pétale pour chacun des exercices 1 et 3.
Deux pétales pour l'exercice 2. Colorie ton résultat.

★★ 20 Fonction de base de la calculatrice

1 Utilise ta calculatrice pour remplir ces tableaux.

Nombre à afficher	+ 423	x 2	+ 722	– 856	x 3	: 2	
889	......	......	......	......	......	......	Nombre d'arrivée

Nombre à afficher	x 2	– 568	x 3	: 2	+ 689	+ 1 002	
986	......	......	......	......	......	......	Nombre d'arrivée

Nombre à afficher	+ 963	+ 879	x 4	+ 598	: 2	+ 112	
754	......	......	......	......	......	......	Nombre d'arrivée

2 Utilise ta calculatrice pour effectuer ces calculs.

1 264 + 978 = ...

484 + 736 + 194 = ...

985 + 658 + 207 = ...

567 – 349 = ...

99 : 3 = ...

463 – 247 = ...

127 x 8 = ...

488 x 9 = ...

782 x 12 = ...

564 x 15 = ...

1 768 – 989 = ...

1 660 : 4 = ...

1 349 + 477 = ...

904 – 158 = ...

Évaluation *Un pétale par exercice juste. Colorie ton résultat.*

COUP DE POUCE !

1 La soustraction à retenue

```
 4
 5̸ ¹5
–  2 7
 ─────
     8
```

On commence par les unités
5 – 7 est impossible.
On prend une dizaine parmi les 5 dizaines de 55.
Il reste 4 dizaines.
15 – 7 = 8

```
 4
 5̸ ¹5
–  2 7
 ─────
   2 8
```

On poursuit ensuite par les dizaines
4 – 2 = 2

2 La multiplication avec retenue

```
   4
   3 9
     ↓
X    5
 ─────
     5
```

On multiplie les unités par 5 : 9 x 5 = 45.
On pose 5 unités, on retient 4 dizaines.

```
   4
   3 9
   ↘
X    5
 ─────
 1 9 5
```

On multiplie les dizaines par 5 :
3 x 5 = 15.
On ajoute la retenue :
15 + 4 = 19

3 Multiplier par 10, par 20, ... par 100, 200, ...

Multiplier un nombre par 10 revient à écrire un 0 à sa droite.

55 x 10 = 550

Multiplier un nombre par 100 revient à écrire deux 0 à sa droite.

55 x 100 = 5 500

Multiplier un nombre par 20 revient à le multiplier par 2 et à écrire un 0 à droite.

22 x 20 = 22 x 2 x 10 = 44 x 10 = 440.

C'est le même principe pour 30, 40, 50, etc.

Multiplier un nombre par 200 revient à le multiplier par 2 et à écrire deux 0 à droite.

22 x 200 = 22 x 2 x 100 = 44 x 100 = 4 400.

C'est le même principe pour 300, 400, 500, etc.

Géométrie

PARTIE 3

Pour t'aider dans la réalisation des exercices, reporte-toi à la page *Coup de pouce !* page 72.

★ 1 Se repérer dans l'espace

1 Qu'y a-t-il à la droite de Jules ? Coche la bonne réponse.

- ☐ une piste de roller
- ☐ le théâtre de Guignol
- ☐ le marchand de ballons
- ☐ un point d'eau
- ☐ un pigeon au sol
- ☐ le bac à sable
- ☐ un petit plan d'eau

2 Qu'y a-t-il à la gauche de Jules ? Coche la bonne réponse.

- ☐ une piste de roller
- ☐ le théâtre de Guignol
- ☐ le marchand de ballons
- ☐ un point d'eau
- ☐ un pigeon au sol
- ☐ le bac à sable
- ☐ un petit plan d'eau

3 Qu'y a-t-il devant Jules ? Coche la bonne réponse.

- ☐ une piste de roller
- ☐ le théâtre de Guignol
- ☐ le marchand de ballons
- ☐ un point d'eau
- ☐ un pigeon au sol
- ☐ le bac à sable
- ☐ un petit plan d'eau

4 Qu'y a-t-il derrière Jules ? Coche la bonne réponse.

- ☐ une piste de roller
- ☐ le théâtre de Guignol
- ☐ le marchand de ballons
- ☐ un point d'eau
- ☐ un pigeon au sol
- ☐ le bac à sable
- ☐ un petit plan d'eau

Évaluation *Un pétale par exercice juste. Colorie ton résultat.*

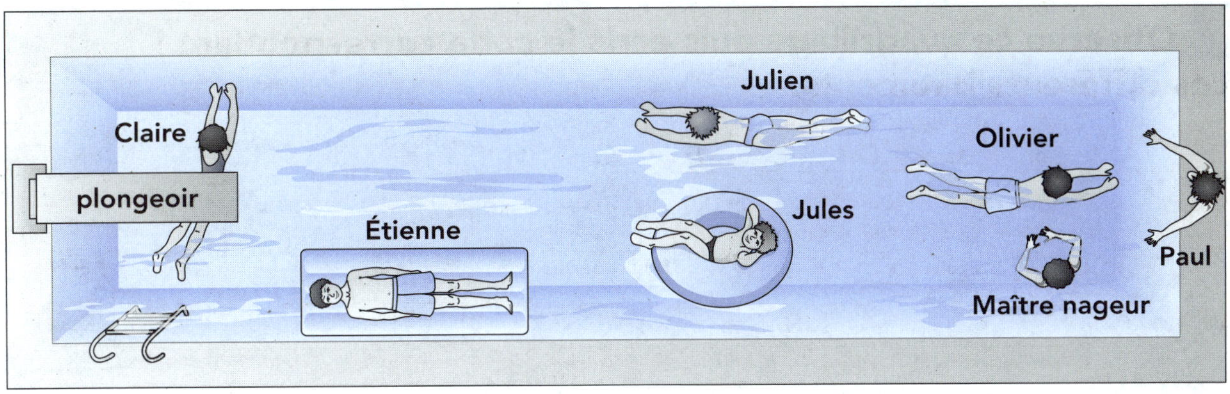

1 **Combien y a-t-il d'enfants sur ce dessin ?** ....

2 **Écris le nom de l'enfant qui est :**

dans la bouée ....

sous le plongeoir ....

à côté du maître-nageur ....

sur le bord du bassin ....

sur le matelas gonflable ....

3 **Avec un crayon rouge, trace le parcours de Gilles.**

Gilles saute du plongeoir, il passe sous la bouée, fait demi-tour devant le maître-nageur, passe à gauche de la bouée puis à droite du matelas gonflable et nage jusqu'à l'échelle pour sortir de l'eau.

4 **Tu sautes du plongeoir et tu nages pour rejoindre Paul. Décris ton trajet.**

....

....

....

Évaluation — *Un pétale par exercice juste. Colorie ton résultat.*

1 Observe ce quadrillage puis écris le code correspondant à ces différents bâtiments.

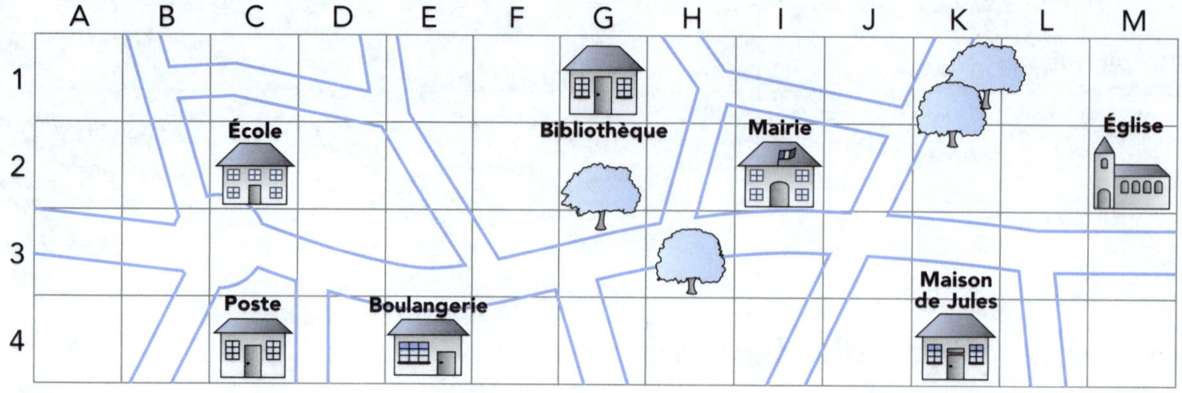

L'école (C,2) La mairie .... L'église ....

La maison de Jules .... La bibliothèque ....

La poste .... La boulangerie ....

Dessine un petit parc en (M,4) et une librairie en (F,2).

2 Donne les coordonnées des points qui représentent ce bâtiment.

....

Dessine une fenêtre rectangulaire et donne ses coordonnées.

....

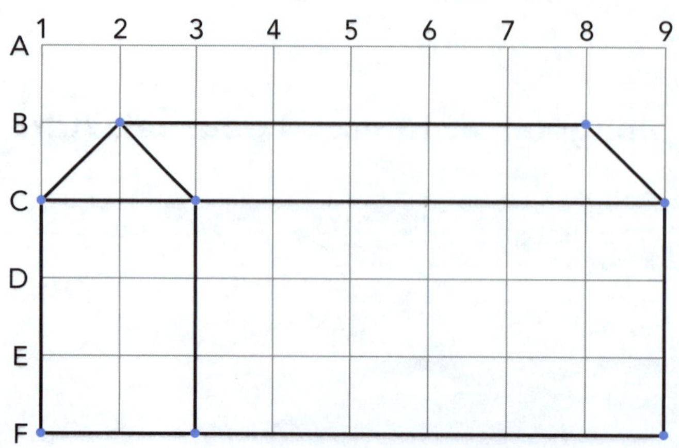

Évaluation Deux pétales par exercice juste. Colorie ton résultat.

4 Se déplacer sur un quadrillage

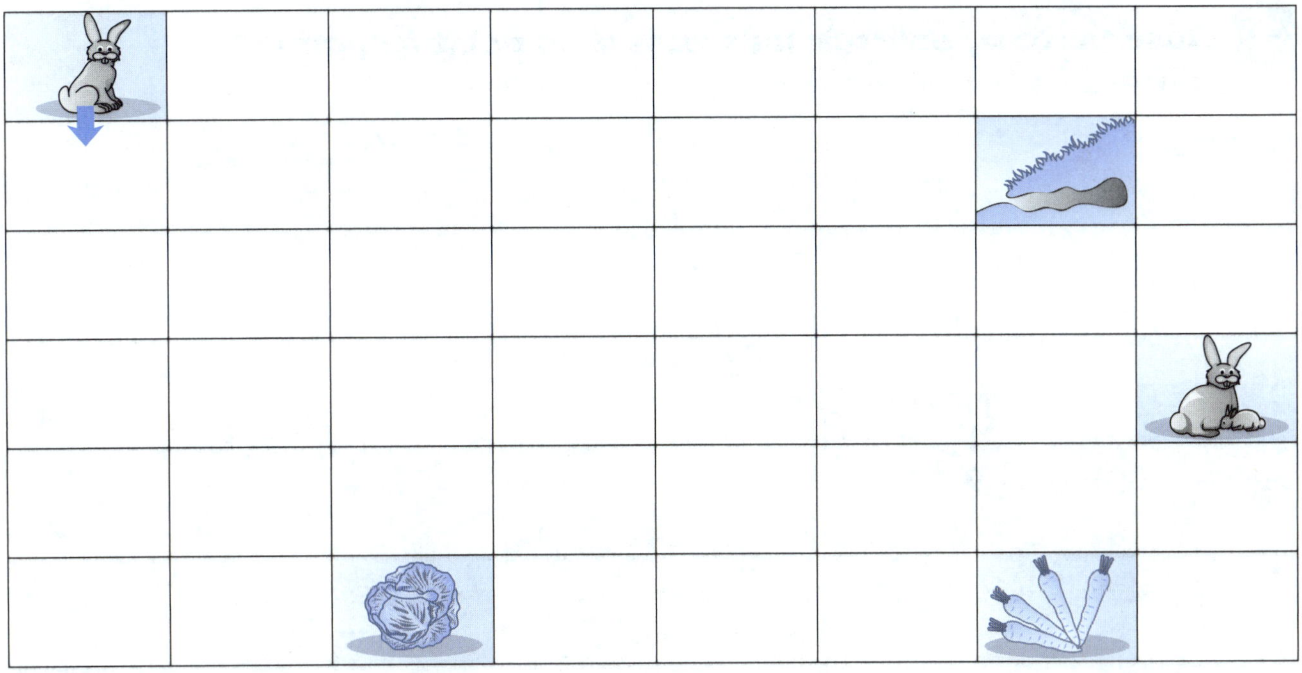

1 Voici le code du chemin que parcourt le lapin pour atteindre les carottes. Place les flèches sur le quadrillage pour tracer ce chemin.

↓ → → ↑ → → ↓ → ↓ ↓ → → ↓ ↓ ←

2 Pour chaque but, propose au lapin un chemin possible.

Le terrier du lapin :

....

La famille du lapin :

....

Le chou :

....

Évaluation — *Deux pétales par exercice juste.* Colorie ton résultat.

1 **Avec ta règle, poursuis les tracés d'un point à l'autre.**

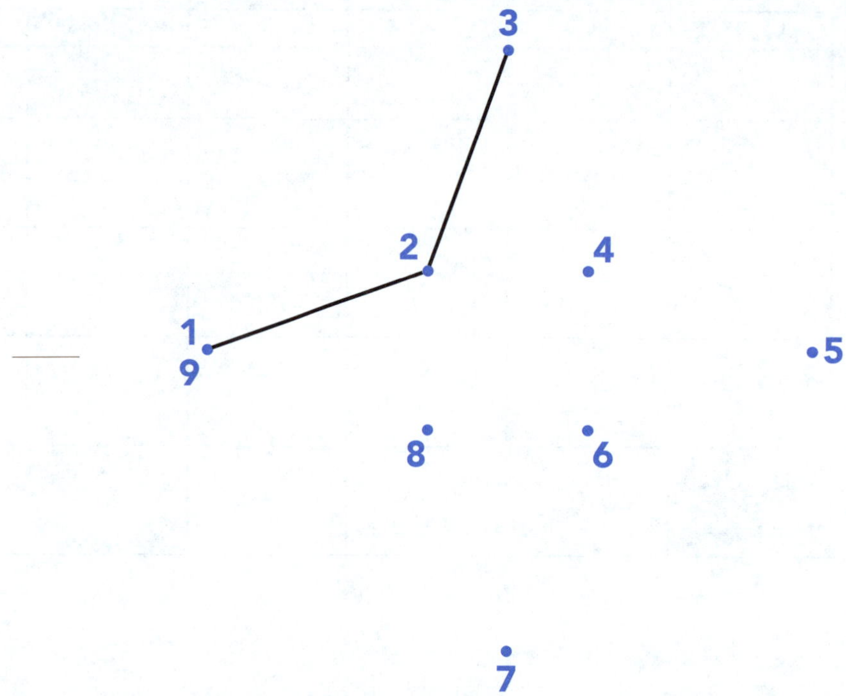

2 **Observe cette figure pour comprendre comment relier les points puis complète-la à l'aide de ta règle.**

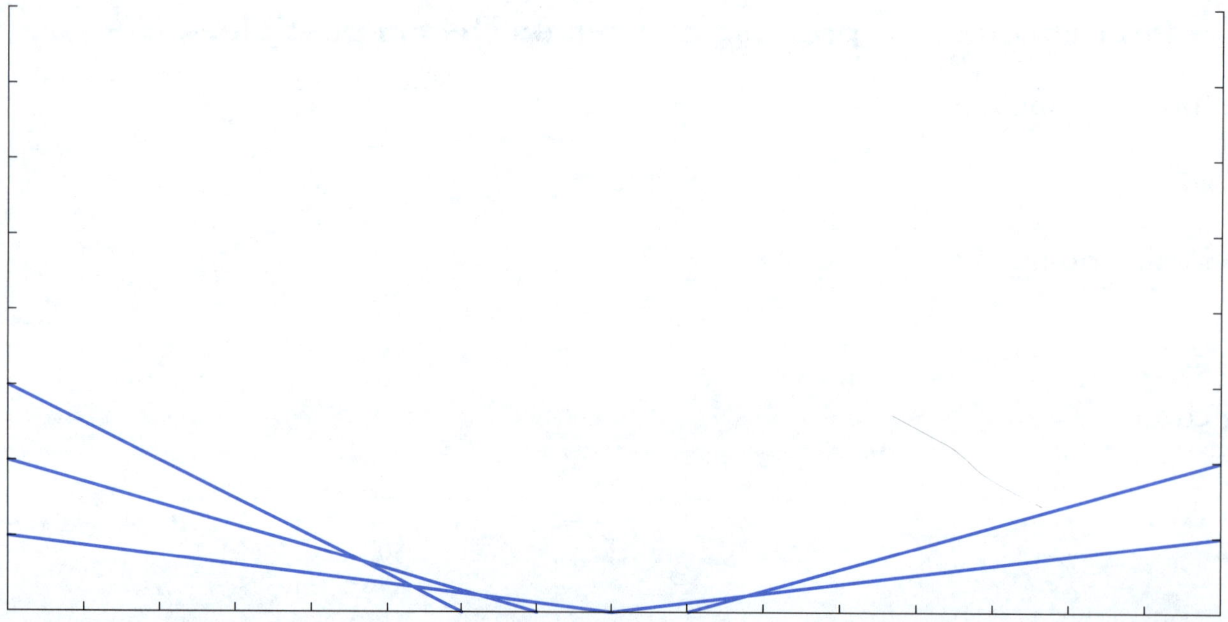

Évaluation

Deux pétales par exercice juste. Colorie ton résultat.

1 Utilise ton équerre pour poursuivre cette frise.

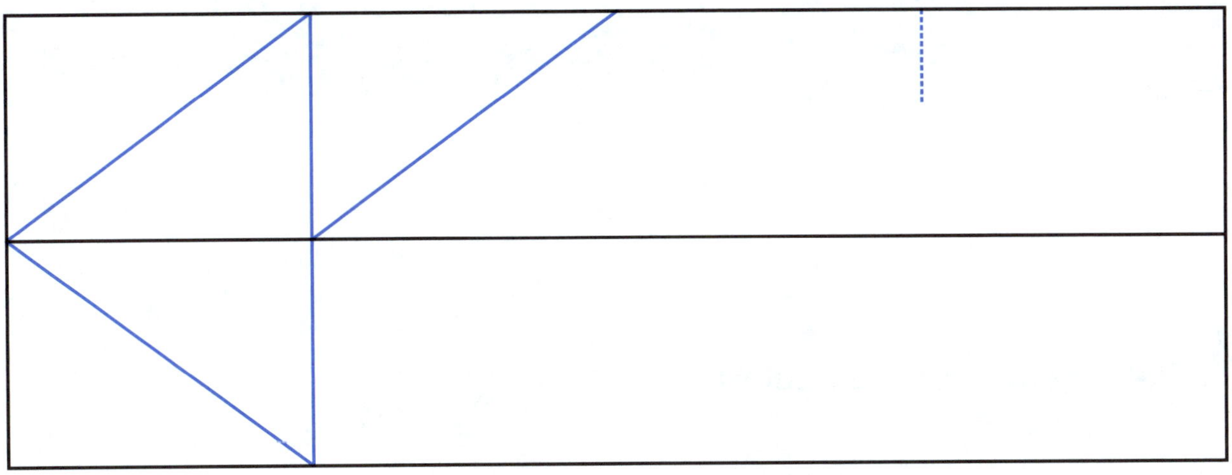

2 Continue le tracé pour relier le point O au point P. Trace au moins quatre segments de plus. Forme plusieurs angles droits et entoure-les.

Évaluation — *Deux pétales par exercice juste.* Colorie ton résultat.

1 À partir du point P, trace 3 segments pour relier les points alignés.

2 Relie quatre points alignés.

3 Place des points pour qu'ils soient alignés (sers-toi des pointillés) et complète les phrases :

Les points A, ... sont alignés. Les points M, ... sont alignés.

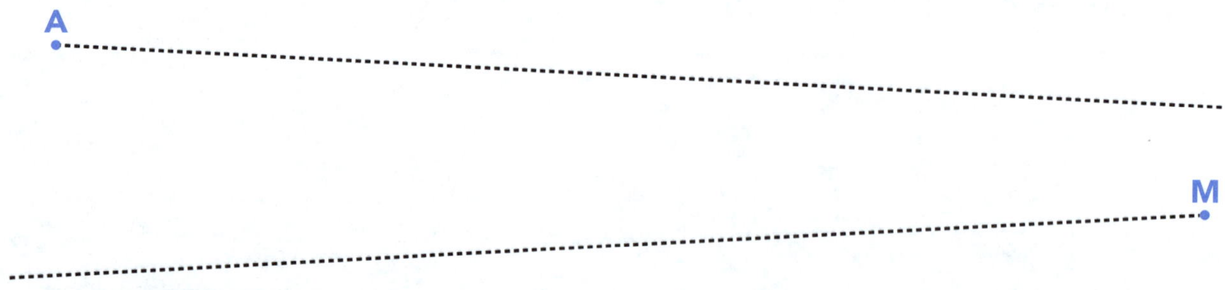

4 Place quatre points alignés au point A (sers-toi de ta règle). Tire un trait pour relier les 5 points.

Évaluation *Un pétale par exercice juste. Colorie ton résultat.*

1 **Repasse en rouge les segments qui ont la même longueur.**

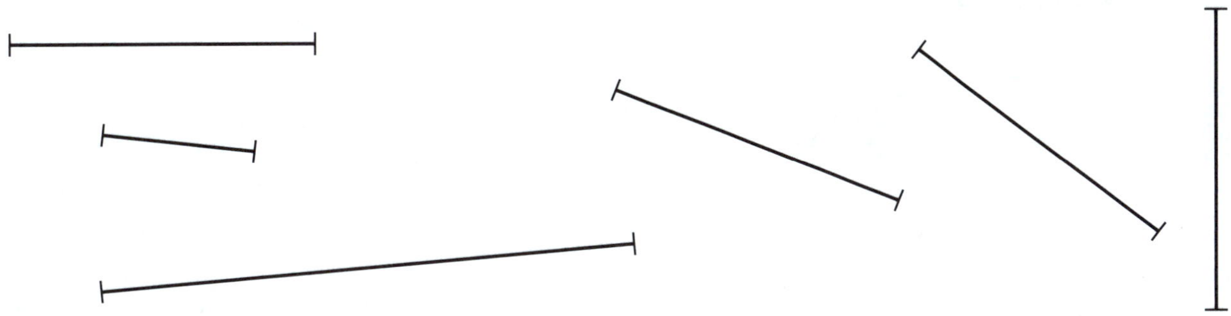

2 **Trace juste au dessous de chaque segment un segment qui a la même longueur.**

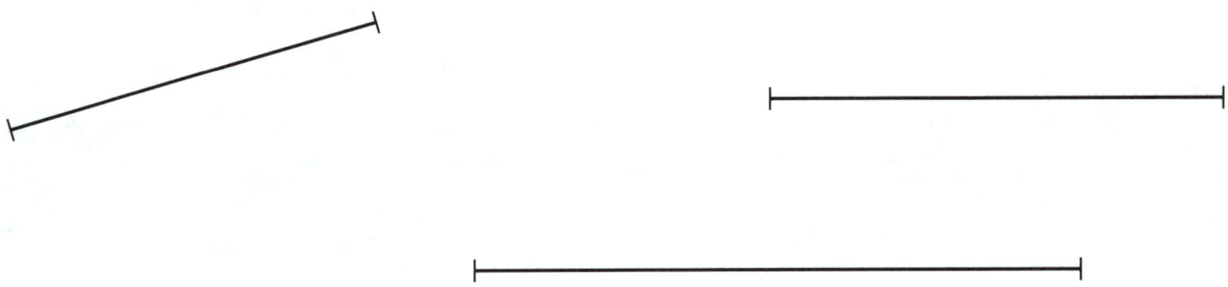

3 **Donne la mesure de tous ces segments.**
Repasse de la même couleur ceux qui ont la même longueur.

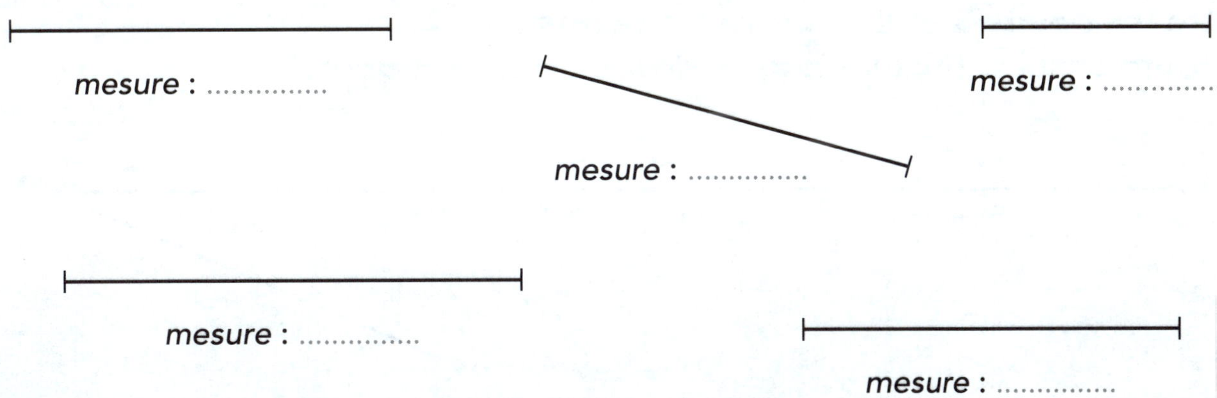

4 **Trace les segments selon les mesures données.**

6 cm

3 cm

4 cm

2 cm

Évaluation Un pétale par exercice juste. Colorie ton résultat.

1 **Utilise ton équerre pour repérer les angles droits de ces figures. Entoure ces angles.**

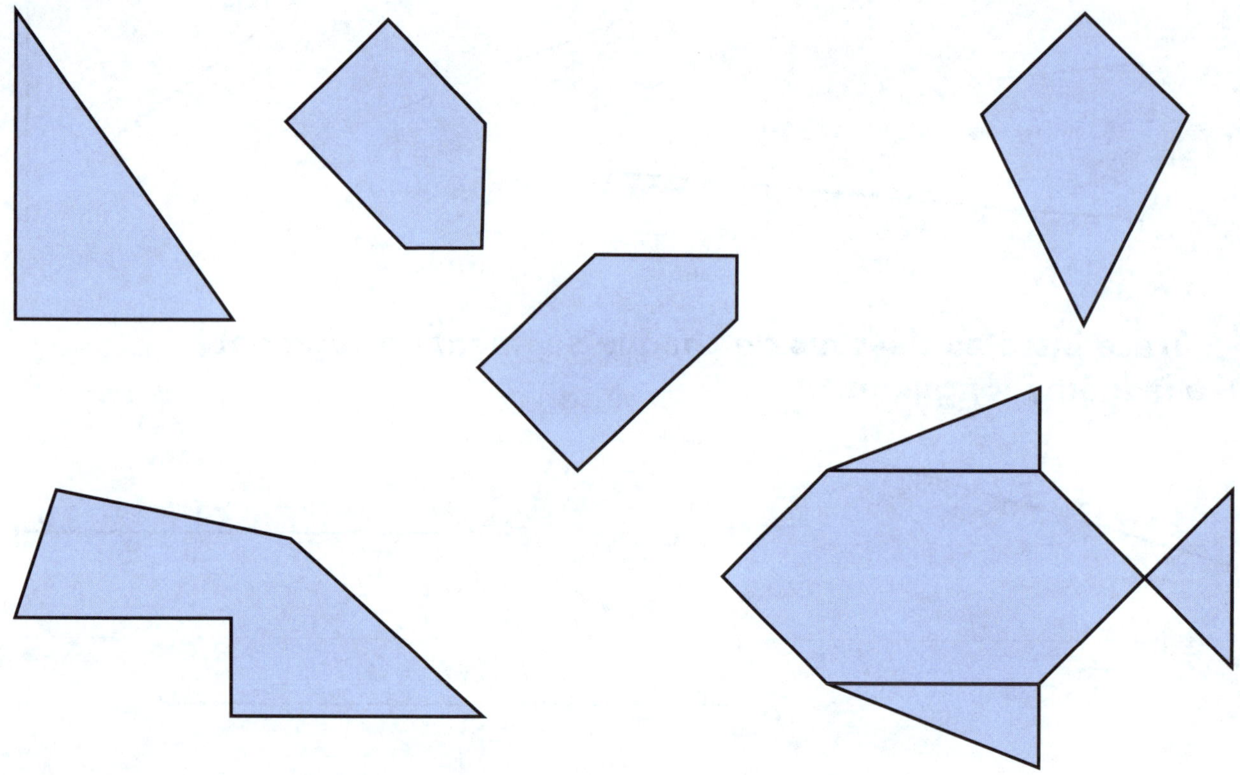

2 **Termine le tracé de cette figure. Tu dois construire un angle droit entre les points 3 et 5 et entre les points 5 et 7. Entoure ensuite tous les angles droits de cette figure.**

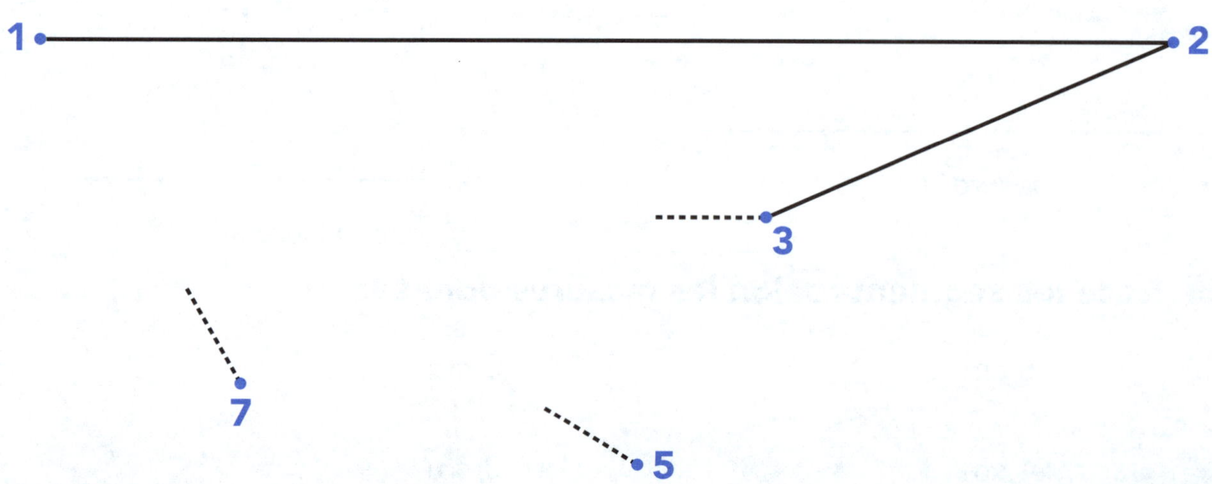

Évaluation — *Deux pétales par exercice juste. Colorie ton résultat.*

1 Parmi ces figures, colorie tous les polygones.

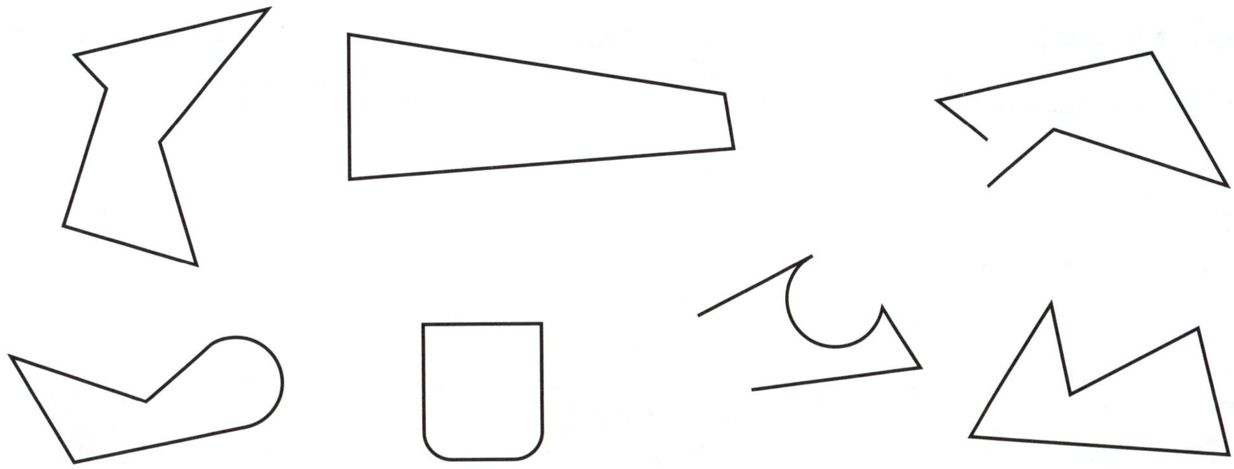

2 Observe ces figures et complète le tableau.

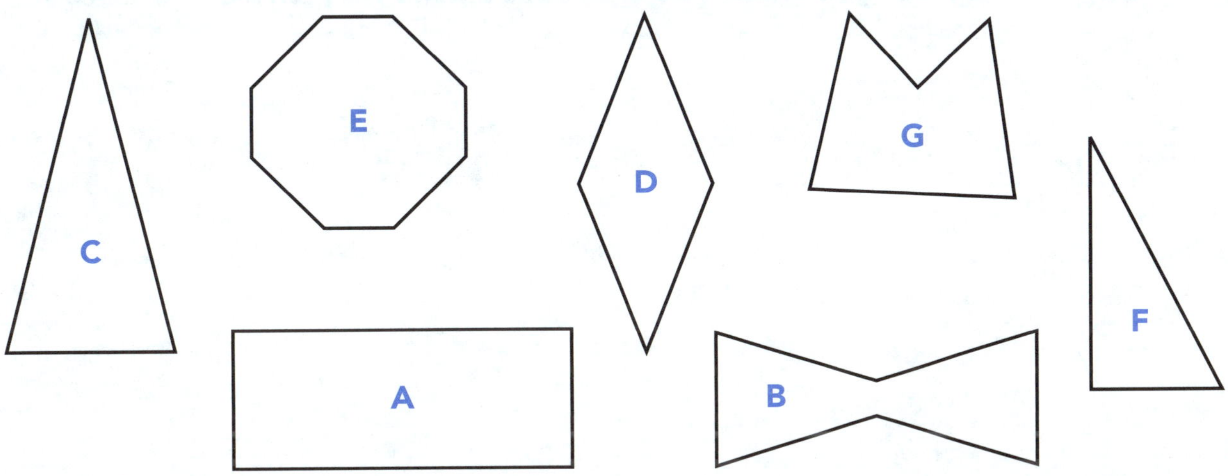

Polygone	Nombre de côtés	Nombre de sommets
A		
B		
C		
D		
E		
F		
G		

Évaluation *Deux pétales par exercice juste. Colorie ton résultat.*

11 Tracer des polygones

1 **Poursuis le tracé de ces figures géométriques en respectant le nombre de côtés demandés.**

Figure à 4 côtés

Figure à 5 côtés

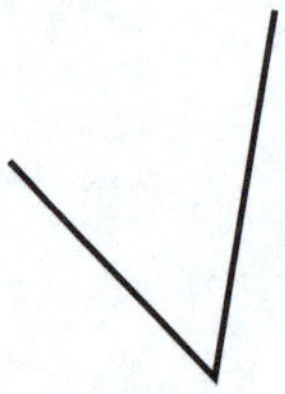

Figure à 6 côtés

2 **Trace une figure géométrique à 6 côtés puis une autre à 8 côtés.**

Évaluation

Deux pétales par exercice juste. Colorie ton résultat.

12 Reconnaître et décrire un carré

1 Parmi toutes ces figures, entoure les carrés.

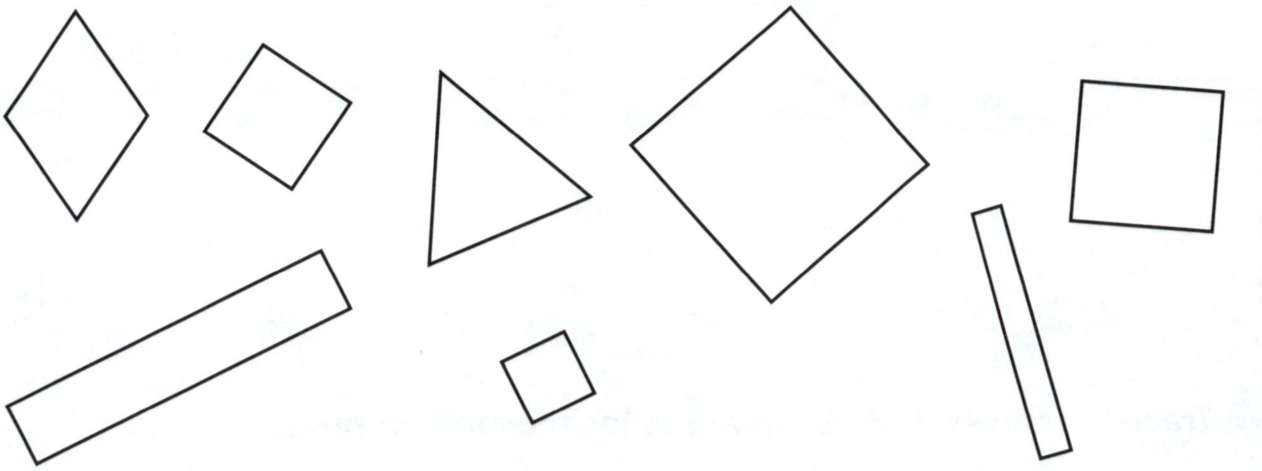

2 Indique dans le tableau les mesures de chaque carré.

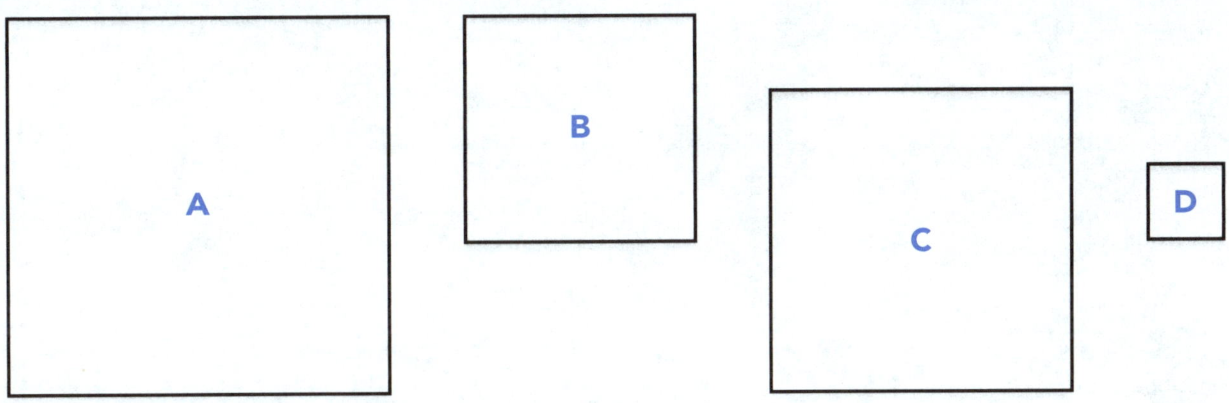

Carré	A	B	C	D
Mesure des côtés en cm	....	....	....	....

3 Coche la bonne définition du carré.

☐ Une figure géométrique qui possède quatre côtés de même longueur et deux angles droits.

☐ Une figure géométrique qui possède deux côtés de même longueur et quatre angles droits.

☐ Une figure géométrique qui possède quatre côtés de même longueur et quatre angles droits.

Évaluation *Un pétale pour les exercices 1 et 3. Deux pétales pour l'exercice 2.*
Colorie ton résultat.

13 Tracer des carrés

1 **Termine de tracer ces carrés. Sers-toi de l'équerre et de la règle.**

2 **Trace les carrés 1, 2 et 3 d'après les mesures données.**

Carré 1	Carré 2	Carré 3
3 cm de côté	2 cm de côté	5 cm de côté

Évaluation *Deux pétales par exercice juste. Colorie ton résultat.*

14 Reconnaître et décrire un rectangle

1 Parmi toutes ces figures, colorie les rectangles.

2 Indique dans le tableau les mesures de chaque rectangle.

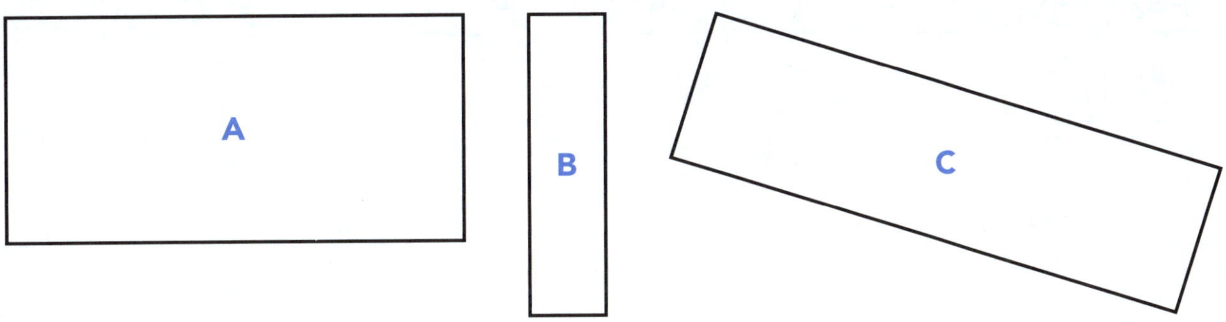

Rectangle	A	B	C
Longueur en cm	....	....	....
Largeur en cm	....	....	....

3 Coche la bonne définition du rectangle.

☐ Une figure géométrique qui possède quatre angles droits et quatre côtés de même longueur.

☐ Une figure géométrique qui possède quatre angles droits et les côtés opposés de même longueur.

Évaluation *Un pétale pour les exercices 1 et 3. Deux pétales pour l'exercice 2.*
Colorie ton résultat.

1 Poursuis le tracé de ces rectangles.
Sers-toi de l'équerre et de la règle.

2 Trace les rectangles d'après les mesures données.
Pars des points tracés

Rectangle	A	B	C
Longueur	4 cm	6 cm	5 cm
Largeur	2 cm	2 cm	3 cm

Évaluation

Deux pétales par exercice juste. Colorie ton résultat.

16 Reconnaître et décrire un triangle rectangle

1 Coche la bonne définition du triangle.

☐ Une figure géométrique avec quatre côtés.
☐ Une figure géométrique avec trois côtés.

2 Parmi ces figures, colorie les triangles.

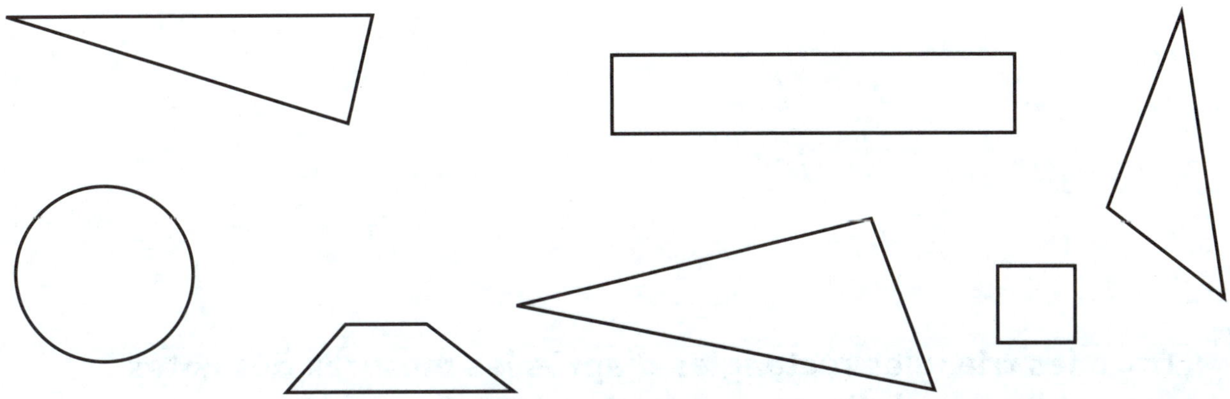

3 Coche la bonne définition du triangle rectangle.

☐ Un triangle qui possède un angle droit.
☐ Un triangle dont les côtés sont de même longueur.

4 Parmi ces triangles, colorie les triangles rectangles.
Utilise ton équerre.

Évaluation *Un pétale par exercice juste. Colorie ton résultat.*

1 **Poursuis les tracés de ces triangles.**
Entoure ensuite les triangles rectangles

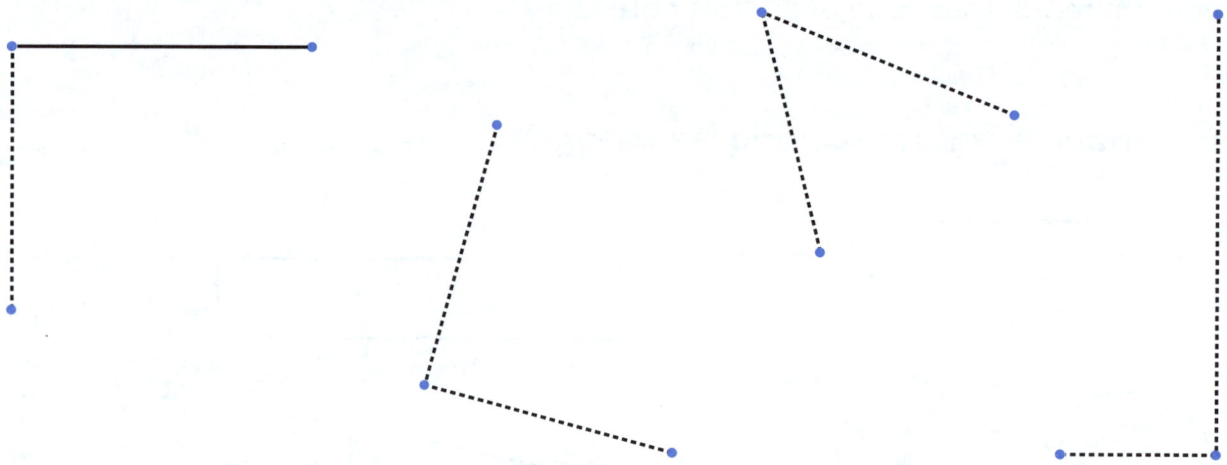

2 **Trace les triangles rectangles d'après les mesures des côtés qui forment l'angle droit.**

Triangle	A	B	C
Côté 1	2 cm	3 cm	4 cm
Côté 2	2 cm	2 cm	4 cm

Évaluation Deux pétales par exercice juste. Colorie ton résultat.

1 **Colorie l'intérieur de tous les cercles.**

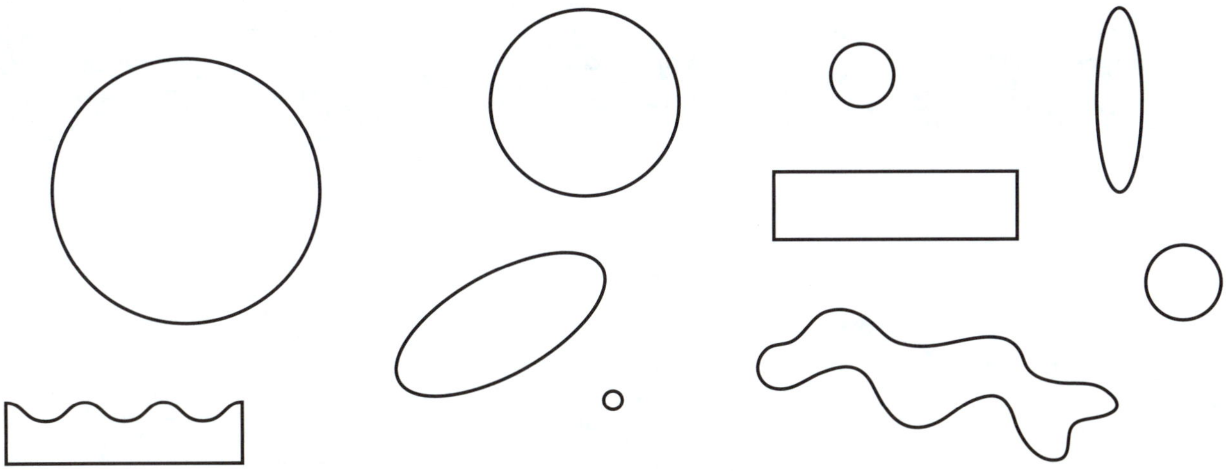

2 **Donne la mesure du rayon et celle du diamètre pour chacun de ces cercles. Sers-toi de la page *Coup de pouce !* page 72.**

Cercle	A	B	C
Rayon en cm	....	....	....
Diamètre en cm	....	....	....

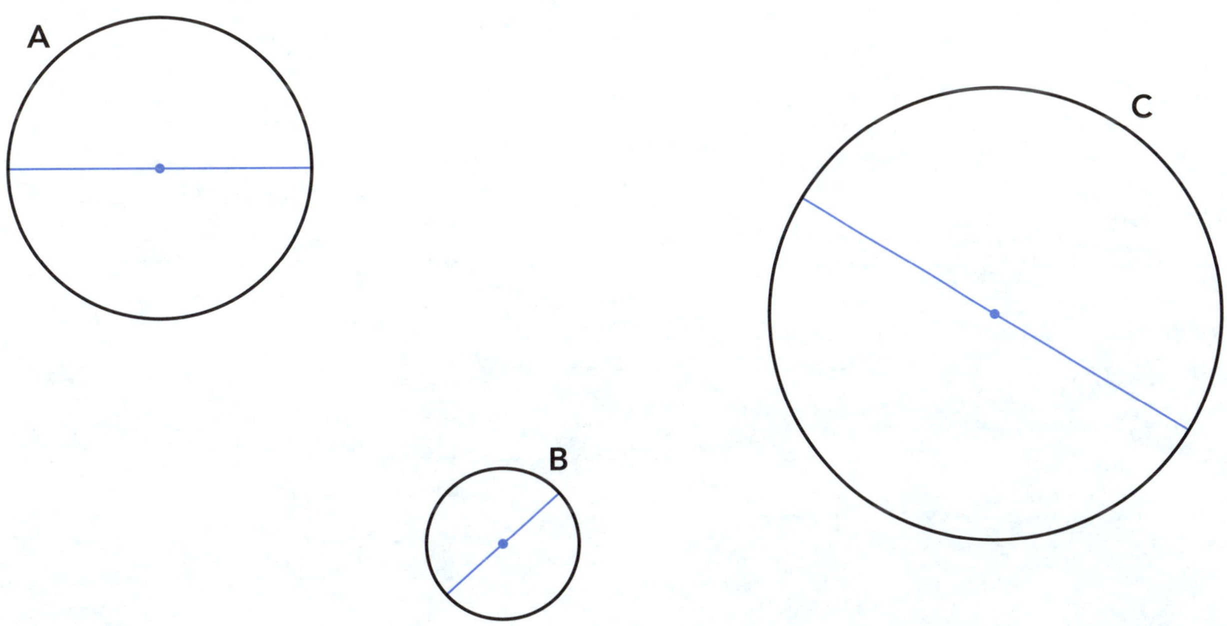

Évaluation *Deux pétales par exercice juste. Colorie ton résultat.*

19 Tracer des cercles

1 À l'aide de ton compas, trace les cercles d'après la mesure des rayons.

Rayon : 3 cm

Rayon : 2 cm

Rayon : 4 cm

2 À l'aide de ton compas, trace les cercles d'après la mesure des diamètres.

Diamètre : 4 cm

Diamètre : 5 cm

Évaluation

Deux pétales par exercice juste. Colorie ton résultat.

1 **Trace les axes de symétrie des figures qui en possèdent.**

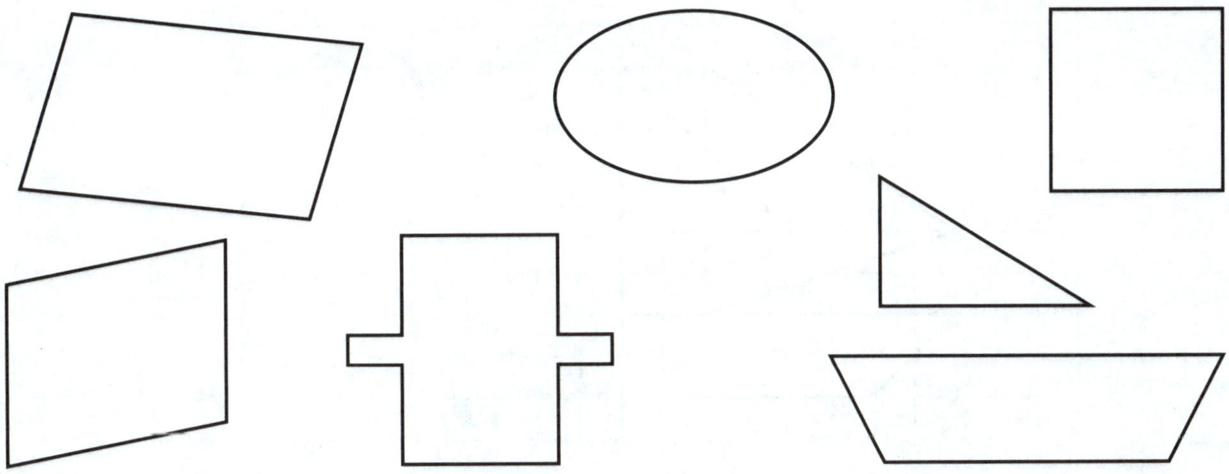

2 **Colorie ce disque en respectant le code de couleur afin d'obtenir un disque symétrique par rapport à l'axe bleu.**

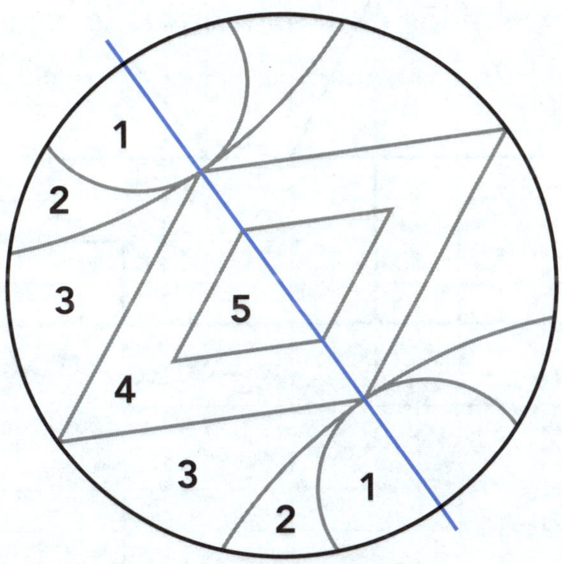

1 : vert
2 : bleu
3 : rouge
4 : jaune
5 : violet

Évaluation *Deux pétales par exercice juste. Colorie ton résultat.*

1 **Cette figure doit être symétrique par rapport à l'axe bleu. Complète-la.**

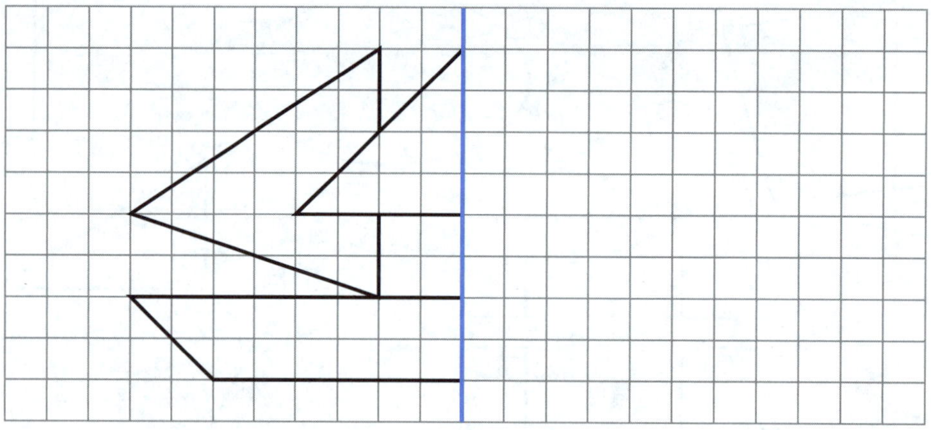

2 **Reproduis les symétriques de ces figures par rapport au trait bleu.**

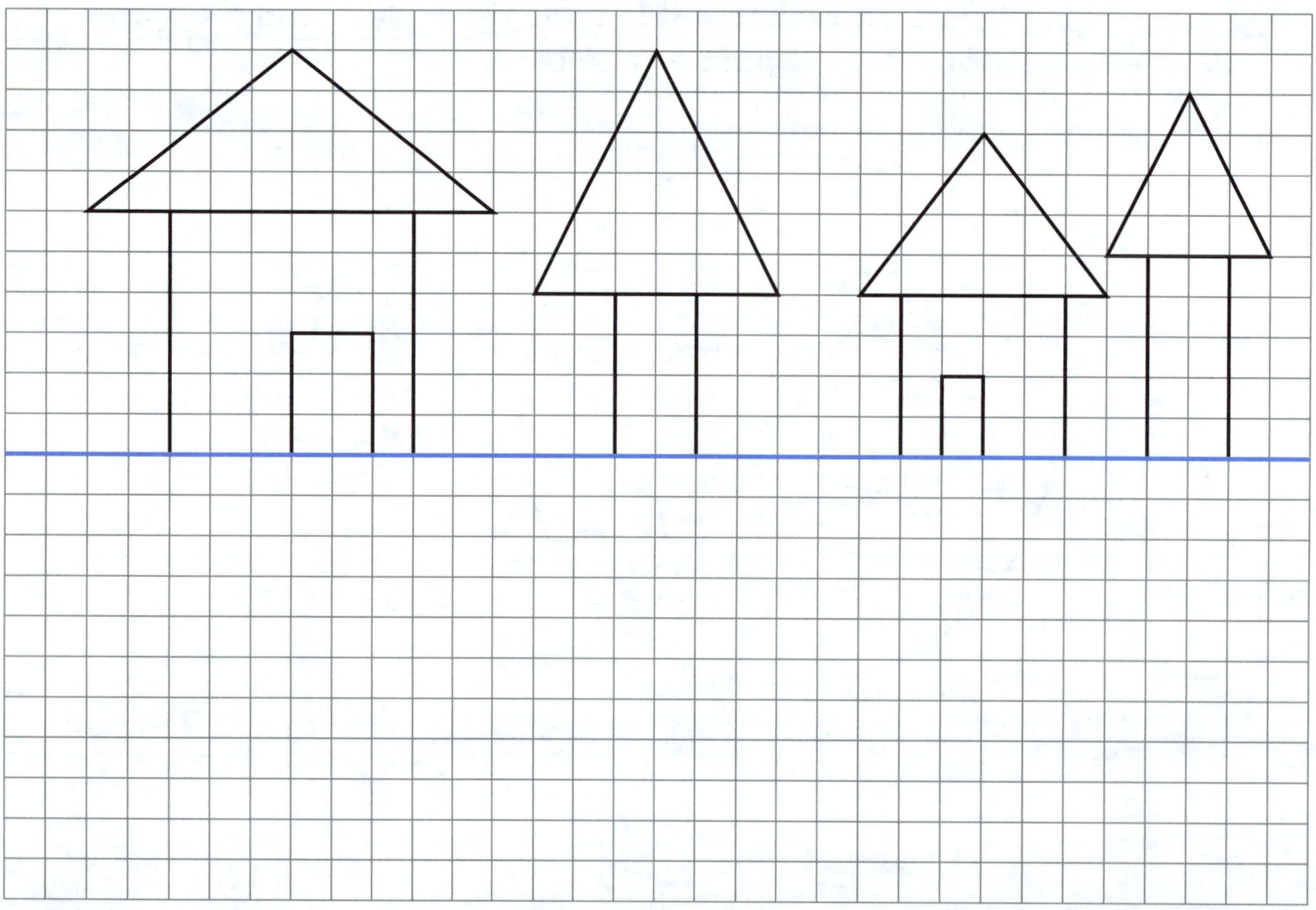

Évaluation

Deux pétales par exercice juste. Colorie ton résultat.

1 Reproduis chaque figure sur le quadrillage à droite

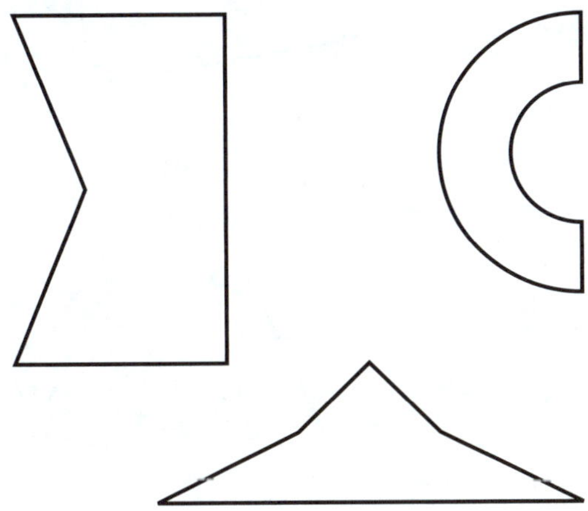

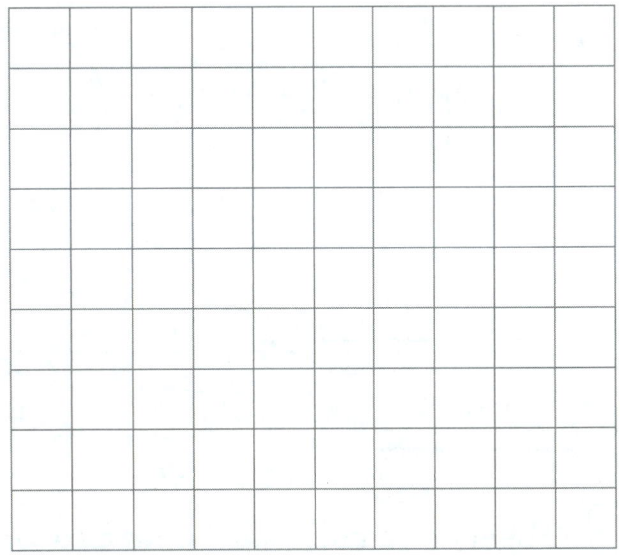

2 Reproduis la figure sur le quadrillage de droite, tu obtiens un agrandissement.

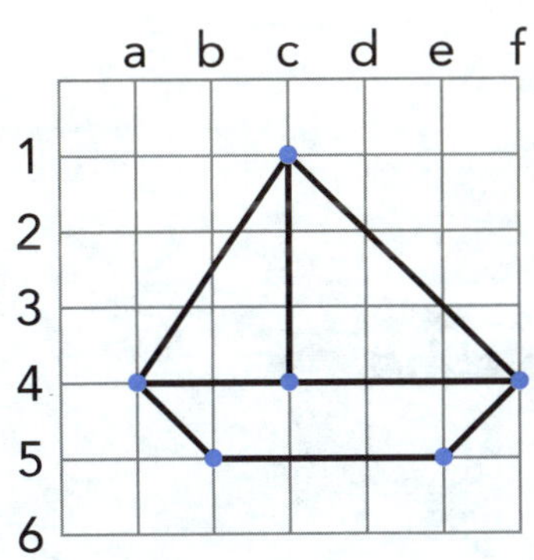

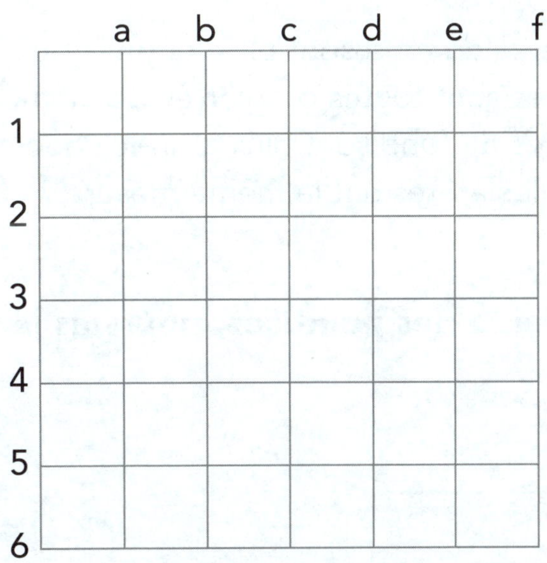

23 Les solides : le cube

1 Parmi tous ces solides, colorie le cube.

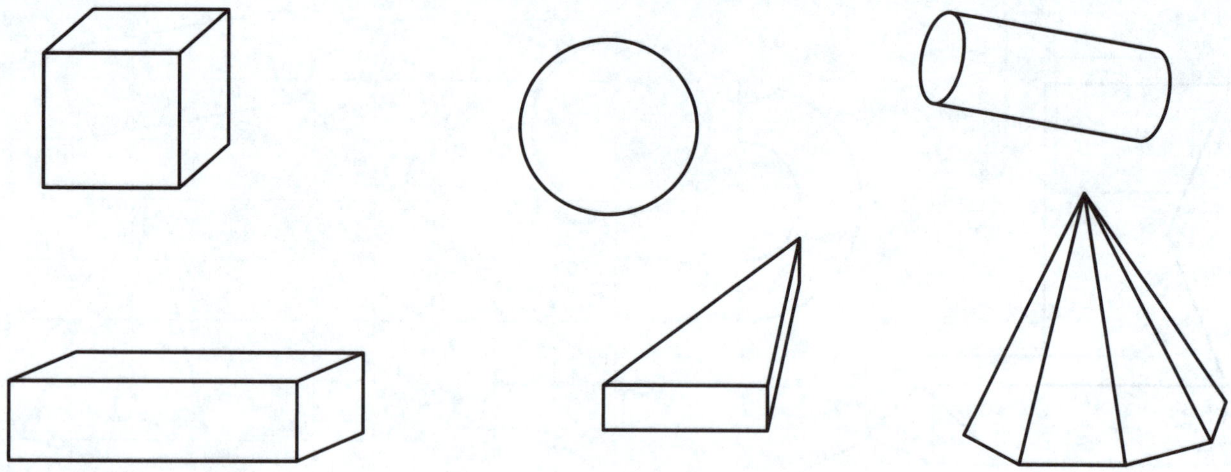

2 Observe le cube de l'exercice précédent et complète les pointillés.

Nombre de faces : .... Nombre d'arêtes : ....

Nombre de sommets : ....

3 Observe le cube de l'exercice 1 et coche les bonnes propositions.

☐ Les arêtes du fond sont plus longues que celles de devant.
☐ Les faces sont toutes des carrés de même mesure.
☐ Les faces du fond sont plus grandes que celles de devant.
☐ Toutes les arêtes ont la même mesure.

4 À l'aide des pointillés, poursuis le tracé de ce cube.

Évaluation *Un pétale par exercice juste. Colorie ton résultat.*

24 Les solides : le pavé droit

1 Parmi tous ces solides, colorie le pavé droit.

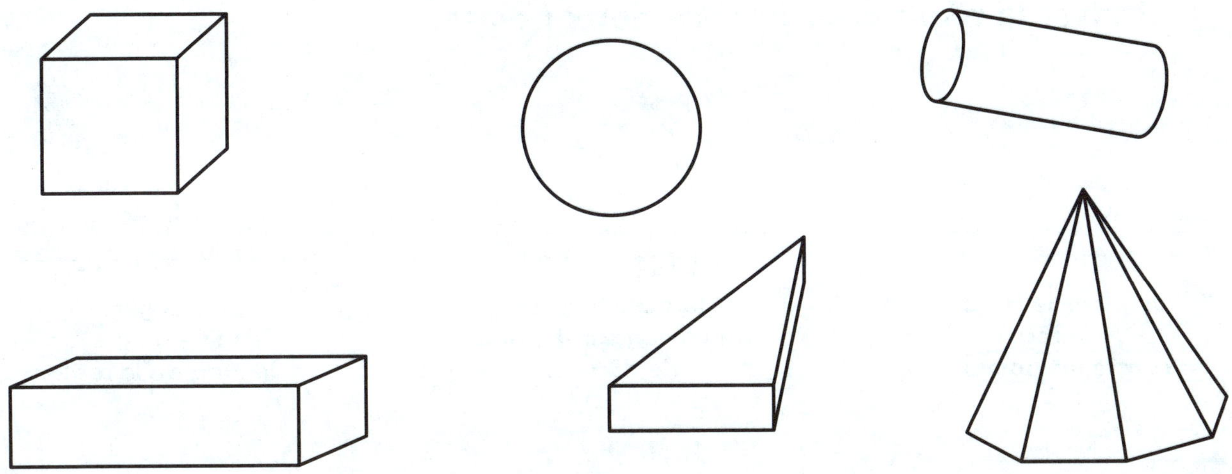

2 Observe le pavé droit de l'exercice précédent et complète les pointillés.

Nombre de faces : .... Nombre d'arêtes : ....

Nombre de sommets : ....

3 Observe le pavé droit de l'exercice 1 et coche les bonnes propositions.

☐ Certaines faces sont rectangulaires.
☐ Toutes les faces ont les mêmes mesures.

4 À l'aide des pointillés, poursuis le tracé de ce pavé droit.

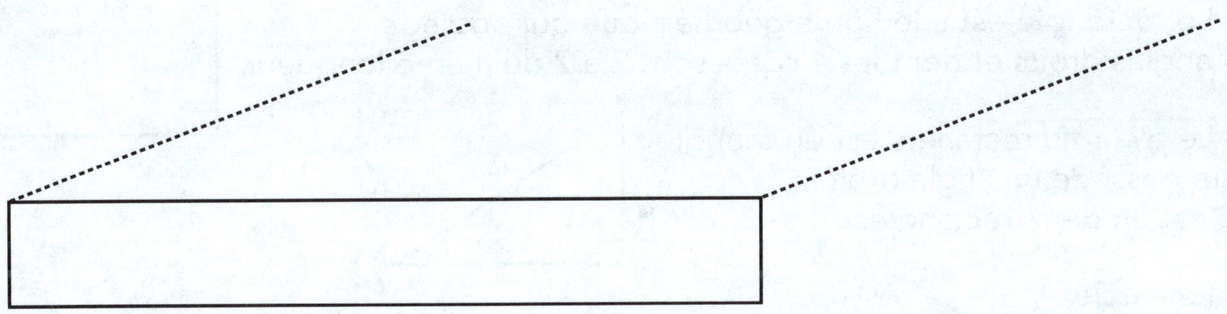

Évaluation — *Un pétale par exercice juste.* Colorie ton résultat.

COUP DE POUCE !

1 Utiliser la règle pour joindre deux points.

Je place le bord de la règle contre les points.

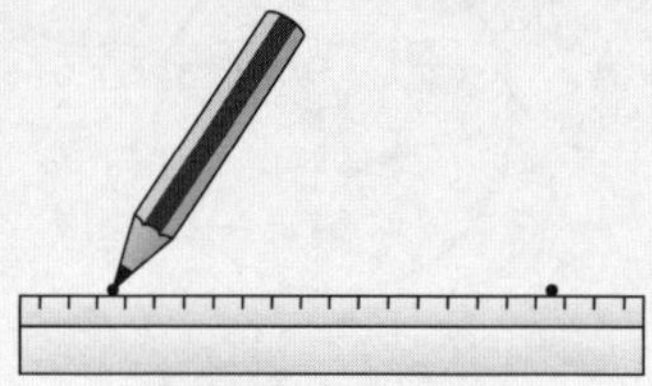

Je pose la mine du crayon sur le point de départ.

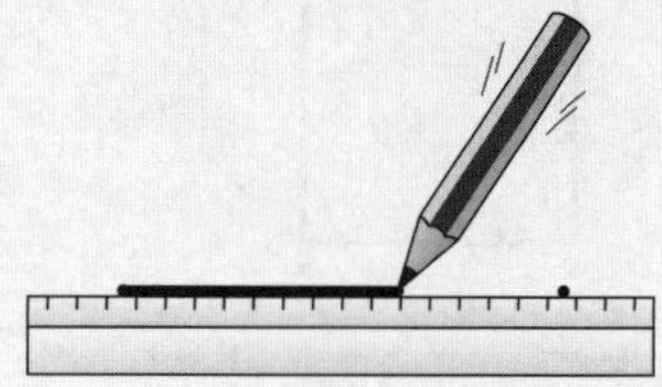

Je fais glisser la mine du crayon le long de la règle.

2 Utiliser le compas pour tracer un cercle.

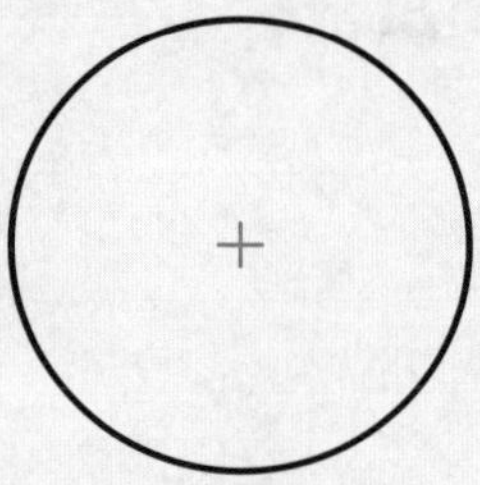

Modèle

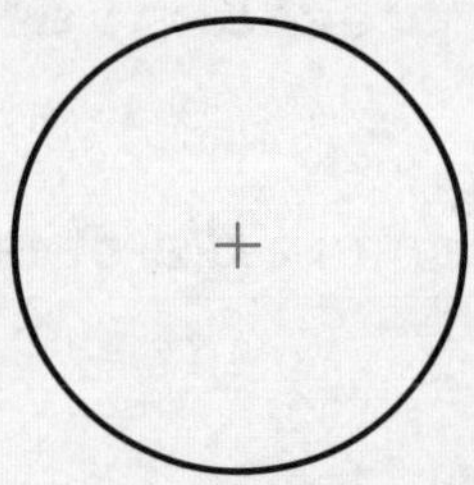

Je marque le centre.

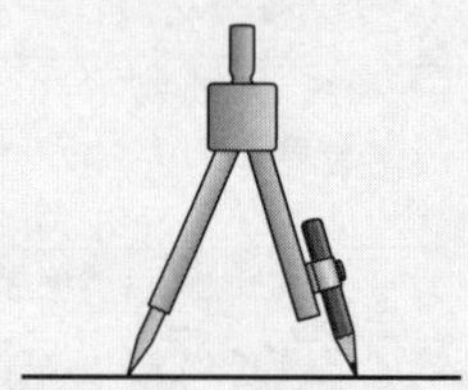

Je choisis l'écartement du compas.

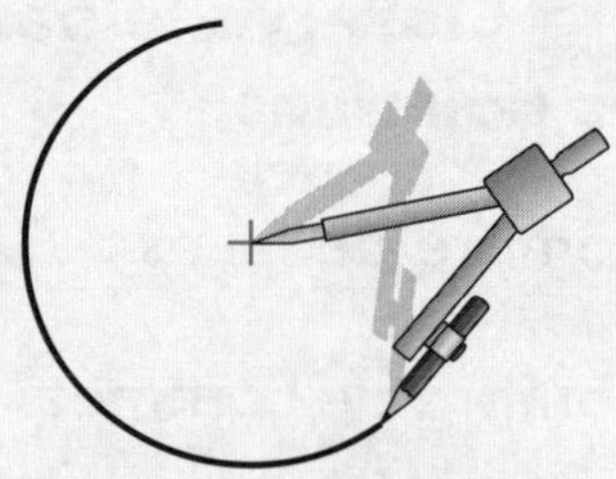

Je trace le cercle en prenant soin de ne pas écarter les branches.

3 Définitions

– Le **carré** est une figure géométrique qui possède 4 angles droits et 4 côtés de même longueur.

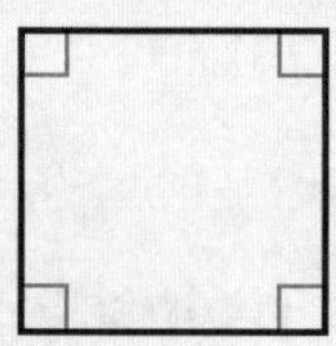

– Le **rectangle** est une figure géométrique qui possède 4 angles droits et dont les 4 côtés sont 2 à 2 de même longueur.

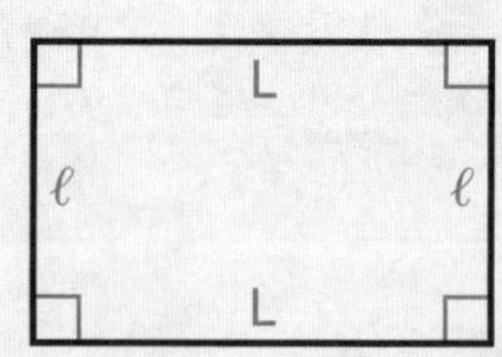

– Le **triangle** rectangle est un triangle qui possède un angle droit.
C'est un demi-rectangle.

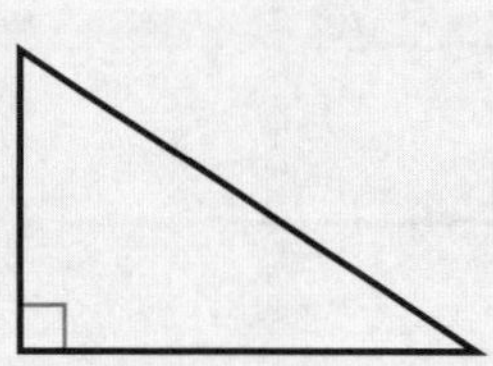

– Le **cercle**

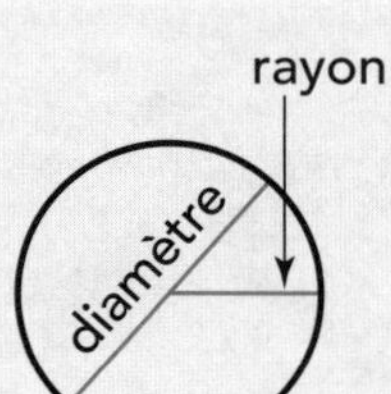

Grandeurs et mesure

PARTIE 4

Pour t'aider dans la réalisation des exercices, reporte-toi à la page *Coup de pouce !* page 86.

1 Observe ce calendrier et réponds aux questions.

Octobre			Novembre			Décembre		
1	J	Thérèse	1	D	Toussaint	1	M	Florence
2	V	Léger	2	L	Défunts	2	M	Viviane
3	S	Gérard	3	M	Hubert	3	J	François Xavier
4	D	François d'Assise	4	M	Charles	4	V	Barbara
5	L	Fleur	5	J	Sylvie	5	S	Gérald
6	M	Bruno	6	V	Bertille	6	D	Nicolas
7	M	Serge	7	S	Carine	7	L	Ambroise
8	J	Pélagie	8	D	Geoffroy	8	M	Imm. Concept.
9	V	Denis	9	L	Théodore	9	M	Pierre Fourier
10	S	Ghislain	10	M	Léon	10	J	Romaric
11	D	Firmin	11	M	Armistice 1918	11	V	Daniel
12	L	Wilfried	12	J	Christian	12	S	Corentin
13	M	Géraud	13	V	Brice	13	D	Lucie
14	M	Juste	14	S	Sidonie	14	L	Odile
15	J	Thérèse d'Avila	15	D	Albert	15	M	Ninon
16	V	Edwige	16	L	Marguerite	16	M	Alice
17	S	Baudouin	17	M	Élisabeth	17	J	Gaëlle
18	D	Luc	18	M	Aude	18	V	Gatien
19	L	René	19	J	Tanguy	19	S	Urbain
20	M	Adeline	20	V	Édmond	20	D	Théophile
21	M	Céline	21	S	Prés. de Marie	21	L	Hiver
22	J	Élodie	22	D	Cécile	22	M	Françoise Xavière
23	V	J. de Capistran	23	L	Clément	23	M	Armand
24	S	Florentin	24	M	Flore	24	J	Adèle
25	D	Crépin	25	M	Catherine	25	V	Noël
26	L	Dimitri	26	J	Delphine	26	S	Etienne
27	M	Ernestine	27	V	Séverin	27	D	Jean
28	M	Jude	28	S	Jacq. de la M.	28	L	Innocents
29	J	Narcisse	29	D	Saturnin	29	M	David
30	V	Bienvenu	30	L	André	30	M	Roger
31	S	Quentin				31	J	Sylvestre

Quels mois voit-on sur ce calendrier ? ....

....

Combien y a-t-il de mercredis au mois de novembre ? ....

Quelle fête a lieu le 11 novembre ? ....

le 25 décembre ? ....

Que se passe-t-il après le 31 décembre 2010 ? Écris une phrase

....

Écris la date du lendemain du 31 décembre 2010

....

2 Ton anniversaire

Écris la date de ton anniversaire ....

Quel est le mois précédent celui de ton anniversaire ? ....

Quel est le mois suivant celui de ton anniversaire ? ....

Quel âge auras-tu à ton prochain anniversaire ? ....

Évaluation

Deux pétales par exercice juste.
Colorie ton résultat.

1 Observe ces montres et complète les pointillés.

Avant midi :

07 : 00

Il est ...... du matin

...... : 00

Il est ...... du matin

...... : 00

Il est ...... du matin

Après midi :

...... : 00

Il est ...... du soir

...... : 00

Il est ...... du soir

...... : 00

Il est ...... du soir

2 Calcule le temps du trajet de chaque enfant pour se rendre à la piscine en fonction du chemin qu'il emprunte.

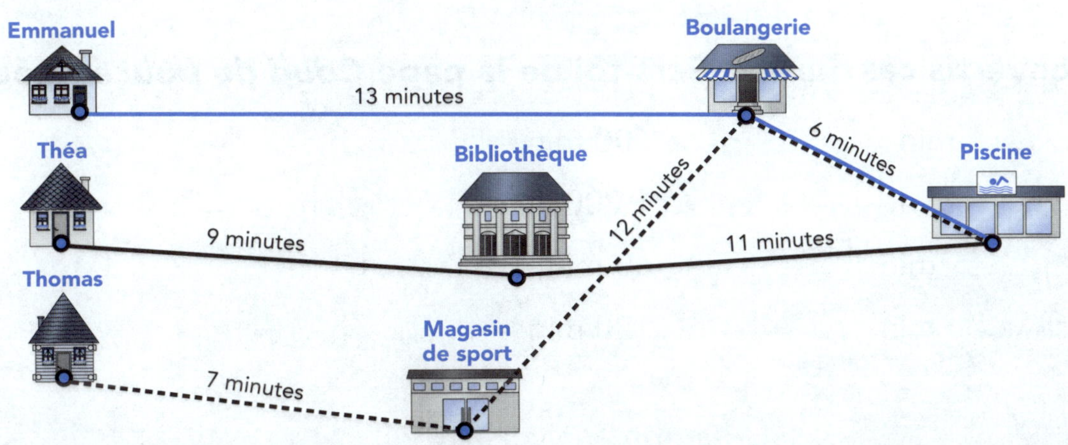

Emmanuel : .... Théa : .... Thomas : ....

Évaluation *Deux pétales par exercice juste. Colorie ton résultat.*

3 Relations entre heure et minute

1 Quelle unité de durée utilise-t-on ? Coche la bonne case.

Pour mesurer la durée du trajet en voiture pour traverser la France on utilise :

☐ l'heure (h)

☐ la minute (min)

Pour mesurer la durée de la récréation du matin on utilise :

☐ l'heure (h)

☐ la minute (min)

Pour mesurer la durée d'une journée on utilise :

☐ l'heure (h)

☐ la minute (min)

Pour mesurer la durée d'un film on utilise :

☐ l'heure (h)

☐ la minute (min)

2 Complète les phrases. Sers-toi de la page *Coup de pouce !* page 86.

Dans une heure, il y a .... minutes.

Dans une heure et demie, il y a .... minutes.

Dans trois heures, il y a .... minutes.

Dans trois heures et demie, il y a .... minutes.

3 Convertis ces durées. Sers-toi de la page *Coup de pouce !* page 86.

1 h = ... min

2 h = ... min

10 h = ... min

20 h = ... min

600 min = ... h

1 200 min = ... h

60 min = ... h

120 min = ... h

Évaluation

Un pétale pour chacun des exercices 1 et 2.
Deux pétales pour l'exercice 3. Colorie ton résultat.

4 Relations entre m et cm, km et m

1 Quelle unité de longueur utilise-t-on ? Coche la bonne case.

Pour mesurer la distance entre deux pays on utilise :
- ☐ le centimètre (cm)
- ☐ le mètre (m)
- ☐ le kilomètre (km)

Pour mesurer les dimensions de la cour de récréation on utilise :
- ☐ le centimètre (cm)
- ☐ le mètre (m)
- ☐ le kilomètre (km)

Pour mesurer l'épaisseur d'un livre on utilise :
- ☐ le centimètre (cm)
- ☐ le mètre (m)
- ☐ le kilomètre (km)

2 Complète les phrases. Sers-toi de la page *Coup de pouce !* page 86.

Dans un mètre, il y a .... centimètres.

Dans un kilomètre, il y a .... mètres.

3 Convertis ces longueurs. Sers-toi de la page *Coup de pouce !* page 86.

1 000 m = ... km

200 cm = ... m

3 m = ... cm

600 cm = ... m

500 cm = ... m

3 000 m = ... km

8 km = ... m

10 km = ... m

Évaluation *Un pétale pour chacun des exercices 1 et 2. Deux pétales pour l'exercice 3.* Colorie ton résultat.

1 Quelle unité de masse utilise-t-on ? Coche la bonne case.

Pour mesurer le poids d'un éléphant on utilise :
☐ le gramme (g)
☐ le kilogramme (kg)

Pour mesurer le poids d'un moineau on utilise :
☐ le gramme (g)
☐ le kilogramme (kg)

Pour mesurer le poids d'une pomme on utilise :
☐ le gramme (g)
☐ le kilogramme (kg)

Pour mesurer le poids d'un être humain on utilise :
☐ le gramme (g)
☐ le kilogramme (kg)

2 Complète la phrase. Sers-toi de la page *Coup de pouce !* page 86.

Dans un kilogramme (kg), il y a .... grammes (g).

Dans trois kilogrammes, il y a .... grammes (g).

3 Convertis ces masses. Sers-toi de la page *Coup de pouce !* page 86.

1 000 g = ... kg
5 kg = ... g
3 000 g = ... kg
8 000 g = ... kg
10 kg = ... g
7 kg = ... g
2 000 g = ... kg
6 kg = ... g

Évaluation
Un pétale pour chacun des exercices 1 et 2.
Deux pétales pour l'exercice 3. Colorie ton résultat.

6 Relations entre euro et centimes d'euro

1 Lis la consigne et complète en dessinant les pièces manquantes.

1 euro en pièces de 50 c : 

1 euro en pièces de 20 c : 

1 euro en pièces de 10 c : 

2 Complète la phrase. Sers-toi de la page *Coup de pouce !* page 86.

Dans 1 euro, il y a .... centimes d'euro.

3 Écris la somme que contient chaque sac en centimes puis en euros et centimes.

170 c ou 1 € 70 c

.... c ou .... €

.... c ou .... € c

4 Écris la somme que contient chaque porte-monnaie.

.... €

.... €

Évaluation

Un pétale par exercice juste.
Colorie ton résultat.

1 Mesure chaque bande et écris sa mesure au-dessus. Colorie de la même couleur les bandes de même longueur.

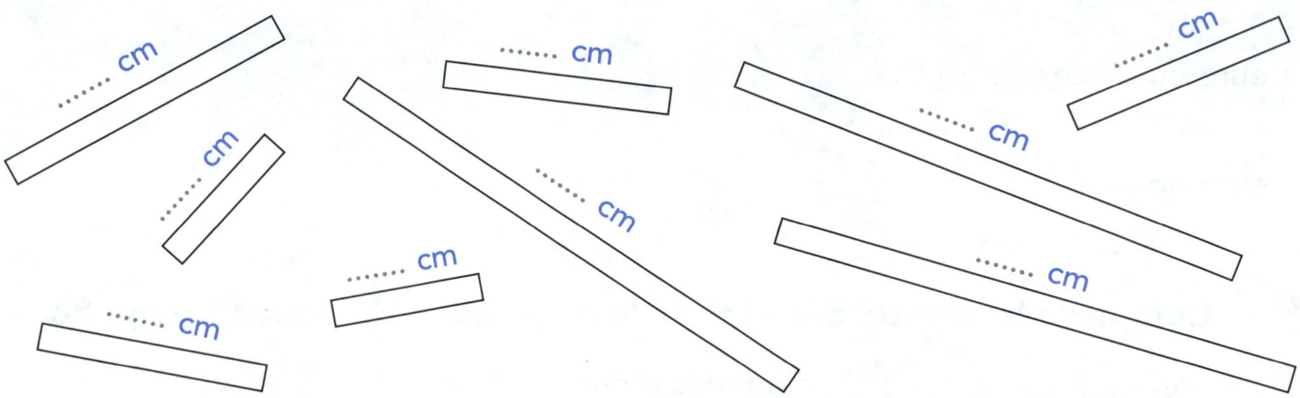

2 Ordonne ces segments du plus petit au plus grand.

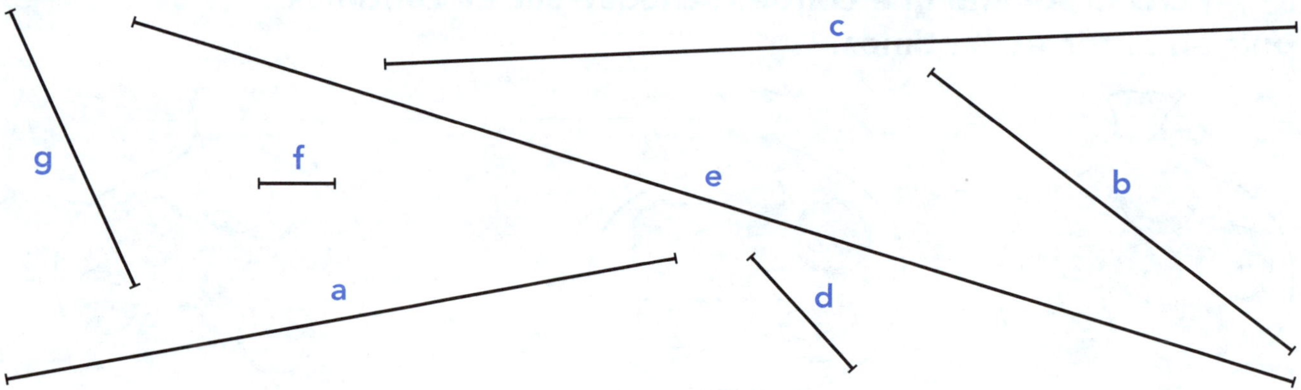

Ordre : ....

3 Trace chaque segment demandé sous sa mesure.

Segment 1 : 6 cm

Segment 2 : 7 cm

Segment 3 : 9 cm

Segment 4 : 3 cm

4 Trace un segment et donne sa mesure.

Mesure : ....

Évaluation

Un pétale par exercice juste.
Colorie ton résultat.

★★ 8 Mesure de segments

1 **Complète le tableau en mettant des croix dans les bonnes cases.**

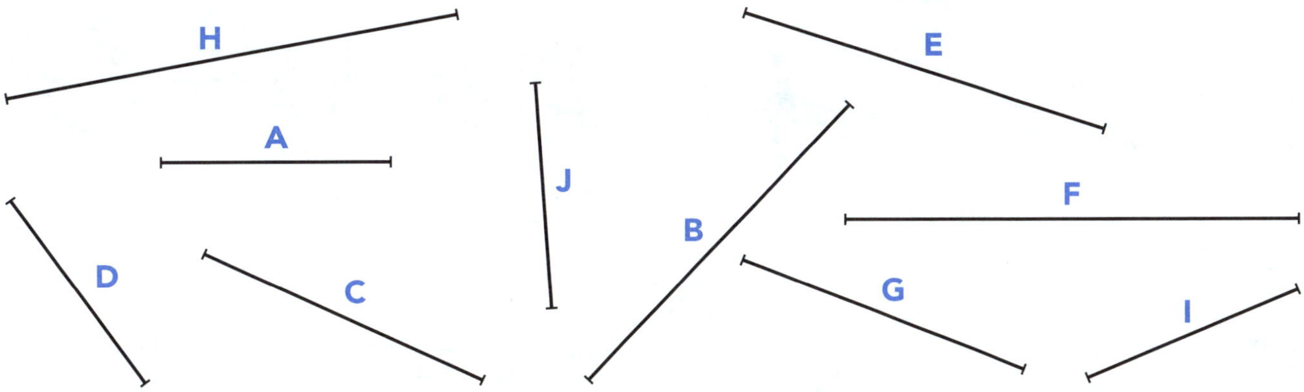

Nom du segment	3 cm	4 cm	5 cm	6 cm
A				
B				
C				
D				
E				
F				
G				
H				
I				
J				

2 **Additionne la mesure de tous ces segments et indique la mesure totale.**

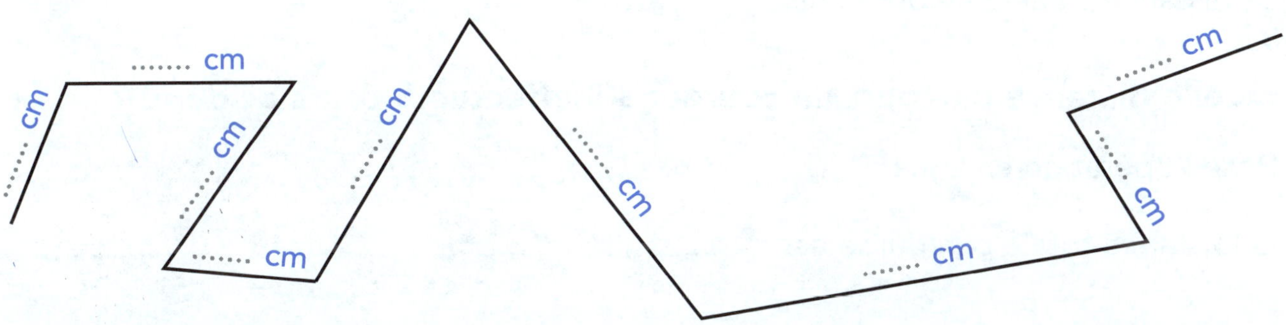

Mesure totale : ....

Évaluation — *Deux pétales par exercice juste.* *Colorie ton résultat.*

1 Observe le parcours qu'effectue Salomon avec son vélo puis réponds aux questions.

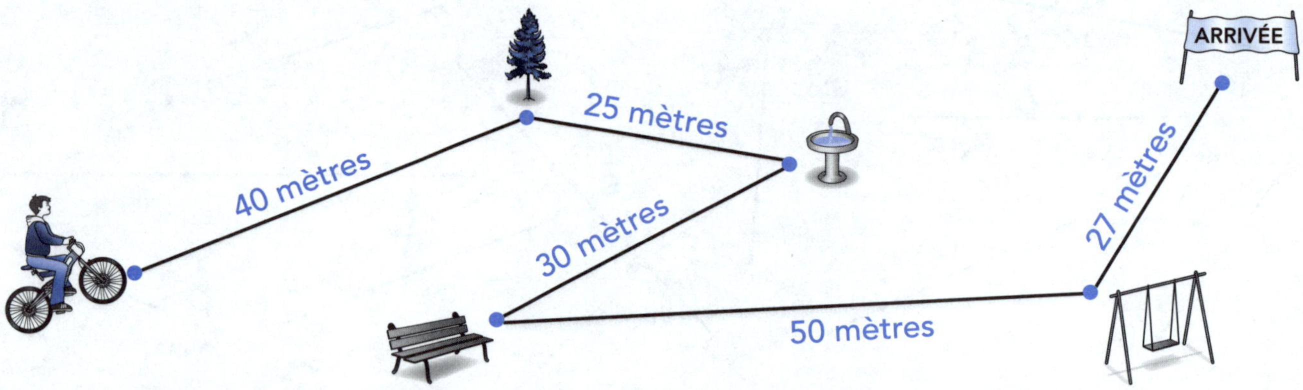

Quelle distance Salomon parcourt-il ?

Pose l'opération : ....

Salomon parcourt : ....

S'il retourne jusqu'à l'arbre en suivant toujours ce parcours, quelle distance aura-t-il parcourue en tout ?

Pose l'opération : ....

Salomon aura alors parcouru : ....

2 Une piste de course mesure 200 mètres. Quelle distance parcourt un coureur s'il effectue quatre tours ?

Pose l'opération en ligne : ....

La distance totale parcourue est : ....

Quelle distance parcourt un coureur s'il effectue 5 tours et demi ?

Pose l'opération en ligne : ....

La distance totale parcourue est : ....

Évaluation *Deux pétales par exercice juste.* *Colorie ton résultat.*

1 **Un avion fait de nombreuses escales pour aller de Paris à Tokyo, au Japon.**

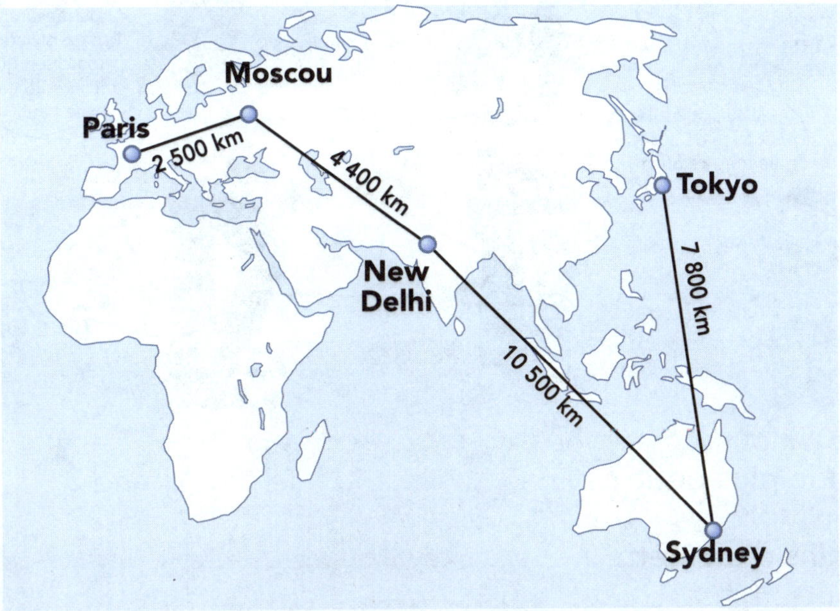

Quelle distance parcourt cet avion pour aller de :

Paris à Moscou (Russie) ? ....

Paris à New Delhi (Inde) ? ....

Paris à Sydney (Australie) ? ....

Quelle est la distance totale que cet avion effectue pour aller de Paris à Tokyo ?

....

2 **Pour se déplacer un kangourou fait des sauts de 2 mètres. Il vient de faire 15 sauts pour rentrer chez lui.**

Quelle distance a-t-il parcourue ?

Opération : ....

Réponse : ....

Évaluation

Deux pétales par exercice juste.
Colorie ton résultat.

1 Observe ce dessin et réponds aux questions.

Quel enfant est le plus petit ? .... le plus grand ? ....

Qui mesure moins d'un mètre ? ....

Quelle est la différence de taille entre Fathi et Étienne ? ....

2 Observe le plan du zoo puis réponds aux questions.

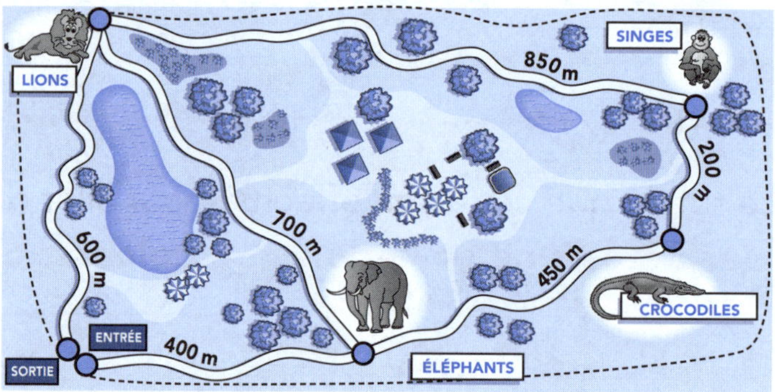

Quelle est la plus courte distance de l'entrée aux singes ? ....

....

Après être entrée, une famille va voir les lions, puis les éléphants, puis les crocodiles, puis les singes et elle se dirige vers la sortie en repassant devant les lions. Quelle distance a-t-elle parcourue en tout ?

....

....

Évaluation *Deux pétales par exercice juste.* *Colorie ton résultat.*

12 Problèmes de masse

1 Observe ces balances puis complète les phrases.

Poids des cerises : .... grammes Poids du raisin : .... grammes

Il manque .... grammes de cerises pour atteindre un kilogramme.

Il manque .... grammes de raisin pour atteindre un kilogramme.

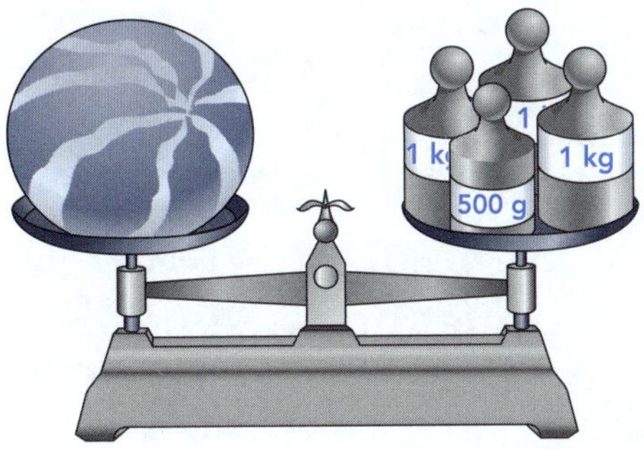

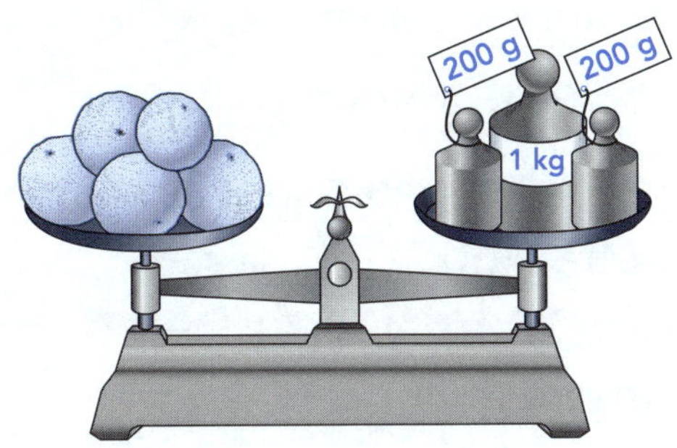

La pastèque pèse ....

Les pamplemousses pèsent ....

2 Complète la dernière ligne et la dernière colonne de ce tableau.

	500 g	200 g	100 g	50 g	20 g	10 g	5 g	2 g	1 g	masse
Un livre	X	X		X		X	X			765 g
Un ballon		X	X		X		X	X		....
Une trousse		X	X	X		X		X	X	....
Une règle		X		X	X	X		X		....
Un cahier										375 g

Évaluation

Deux pétales par exercice juste.
Colorie ton résultat.

COUP DE POUCE !

1 Les masses

Les unités de masse les plus courantes sont :
le kilogramme (kg)
le gramme (g)

1 kilogramme = 1 000 grammes

2 Les durées

Pour exprimer des durées, on utilise les heures, les minutes mais aussi les jours, les mois, les années.
les heures (h)
les minutes (min)

1 heure = 60 minutes

3 Les longueurs

Les unités de longueurs les plus courantes sont :
le kilomètre (km)
le mètre (m)
le centimètre (cm)

1 kilomètre = 1 000 mètres
1 mètre = 100 centimètres

4 La monnaie

La monnaie utilisée en France et dans la plupart des autres pays européens est l'euro (€).

1 euro = 100 centimes d'euro

Voici les pièces de monnaie utilisées :

Voici les principaux billets utilisés :

Organisation et gestion de données

Pour t'aider dans la réalisation des exercices, reporte-toi à la page *Coup de pouce !* page 95.

★ 1 *Utiliser un tableau*

Voici le contenu de la tirelire de 3 enfants.

				Dessin des pièces
Paul	2	2	1	
Thomas	2	7	1	
Hélène	2	5	1	

1 **Dessine dans le tableau les pièces que contient chaque tirelire puis réponds aux questions.**

a. Quelle somme d'argent a chaque enfant ?

Paul : ....

Thomas : ....

Hélène : ....

b. Lequel d'entre eux a le plus d'argent ? ....

2 Paul, Thomas et Hélène reçoivent chacun un billet de 5 € à ajouter à leur tirelire.
Quelle somme possède alors chaque enfant ?
Écris l'opération puis le résultat.

Paul : ....

Thomas : ....

Hélène : ....

Évaluation

Deux pétales par exercice juste.
Colorie ton résultat.

★★ 2 *Utiliser un tableau*

Voici le tableau des ventes de 3 bandes dessinées (BD).

	Lundi	Jeudi	Vendredi	Total
Astérix et Obélix	22	52	40	....
Youpi	14	31	25	....
Tintin	33	23	17	....
Total	69	116	82	....

1 Observe le tableau et réponds aux questions.

Combien de BD d'« Astérix et Obélix » ont été vendues jeudi ? ....

Combien de BD de « Tintin » ont été vendues lundi ? ....

vendredi ? ....

Combien de BD ont été vendues en tout lundi ? ....

jeudi ? ....

Quel est le jour où il y a eu le plus de ventes ? Coche la bonne case.

☐ lundi ☐ jeudi ☐ vendredi

2 Réponds aux questions.

Calcule le nombre total de ventes pour des trois BD. Écris les résultats dans le tableau.
Calcule le nombre total de BD vendues pendant ces trois jours pour finir de compléter le tableau.

Quelle est la bande dessinée la plus vendue ? Coche la bonne case.

☐ Astérix et Obélix ☐ Youpi ☐ Tintin

Évaluation *Deux pétales par exercice juste.* Colorie ton résultat.

★ 3 Utiliser un graphique

Voici deux graphiques présentant des ventes de jouets.

Vente de jouets d'intérieur

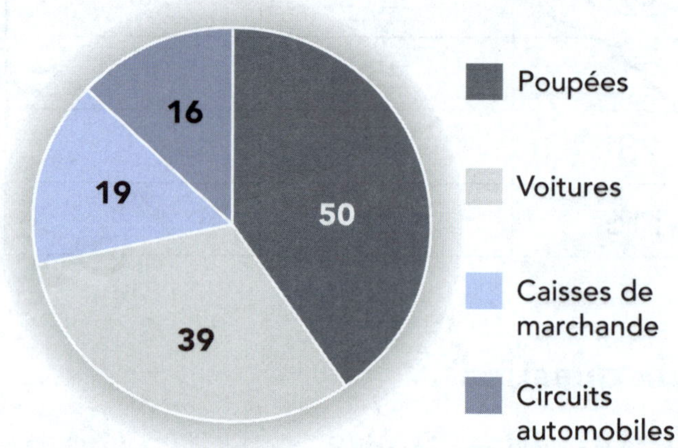

Vente de jouets d'extérieur

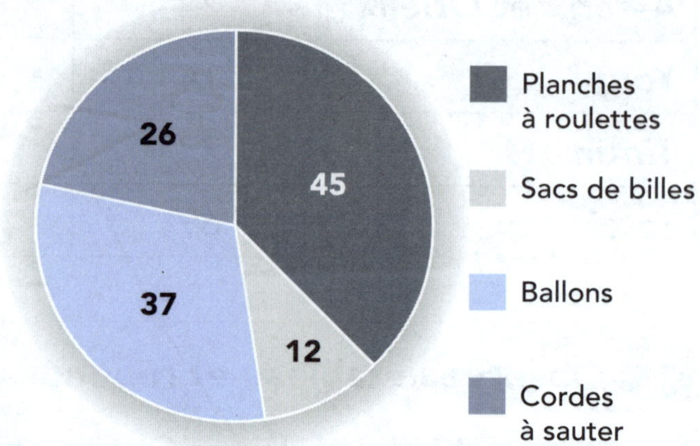

1 Observe les deux graphiques et complète ces tableaux.

Vente de jouets d'intérieur

Poupées	Voitures	Caisses de marchande	Circuits automobiles
50	....	....	....

Vente de jouets d'extérieur

Planches à roulettes	Sacs de billes	Ballons	Cordes à sauter
....	12	....	26

2 Observe le graphique de gauche et réponds aux questions.

Quel jouet d'intérieur se vend le plus ? ....

Quel jouet d'intérieur se vend le moins ? ....

3 Observe le graphique de droite et réponds aux questions.

Quel jouet d'extérieur se vend le plus ? ....

Quel jouet d'extérieur se vend le moins ? ....

Évaluation *Un pétale par tableau pour l'exercice 1.*
Un pétale pour chacun des exercices 2 et 3. Colorie ton résultat.

Voici la courbe de poids d'Elodie, depuis sa naissance.

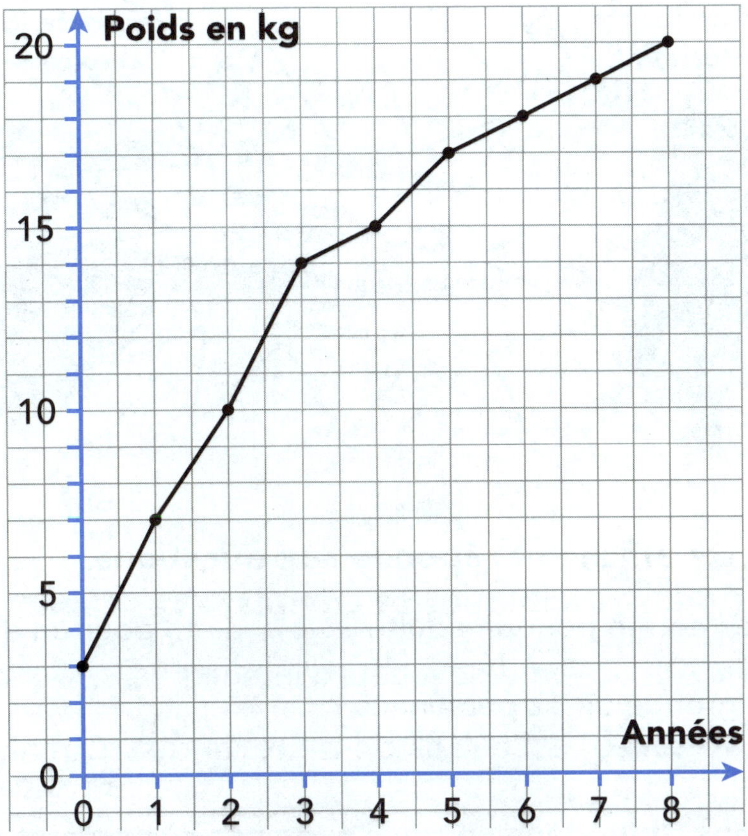

1 Observe ce graphique et réponds aux questions.

Combien pesait Elodie à la naissance ? .... à 6 ans ? ....

À quel âge pesait-elle 10 kg ? ....

Combien de kilos a-t-elle pris entre 1 et 4 ans ? ....

2 À partir de ces informations, trace sur le quadrillage ci-dessus la courbe de poids de Pierre qui a 5 ans.

Naissance : 4 kg	1 an : 8 kg	2 ans : 12 kg
3 ans : 17 kg	4 ans : 18 kg	5 ans : 20 kg

Évaluation

Deux pétales par exercice juste.
Colorie ton résultat.

Voici l'affiche d'un parc d'attractions.

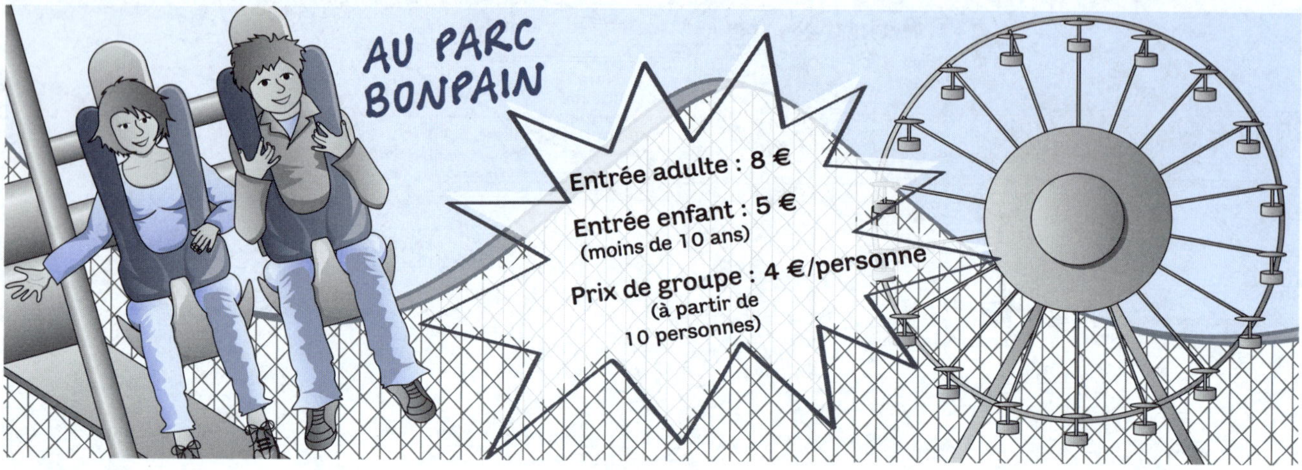

1 Observe cette affiche et réponds aux questions.

Quel est le prix de l'entrée pour un adulte ? ...., pour un enfant ? ....

Combien paye un groupe de 12 personnes ? ....

2 Albert a 8 ans. Il va dans ce parc avec ses parents et sa petite sœur.

Quel est le prix d'entrée pour cette famille ? ....

....

3 La classe de Noémie compte 20 élèves.

Quel est le prix d'entrée pour les élèves de cette classe ? ....

....

4 La caissière vient d'encaisser 34 euros.

Décris le groupe qui vient d'entrer : ....

....

Évaluation — *Un pétale par exercice juste.* *Colorie ton résultat.*

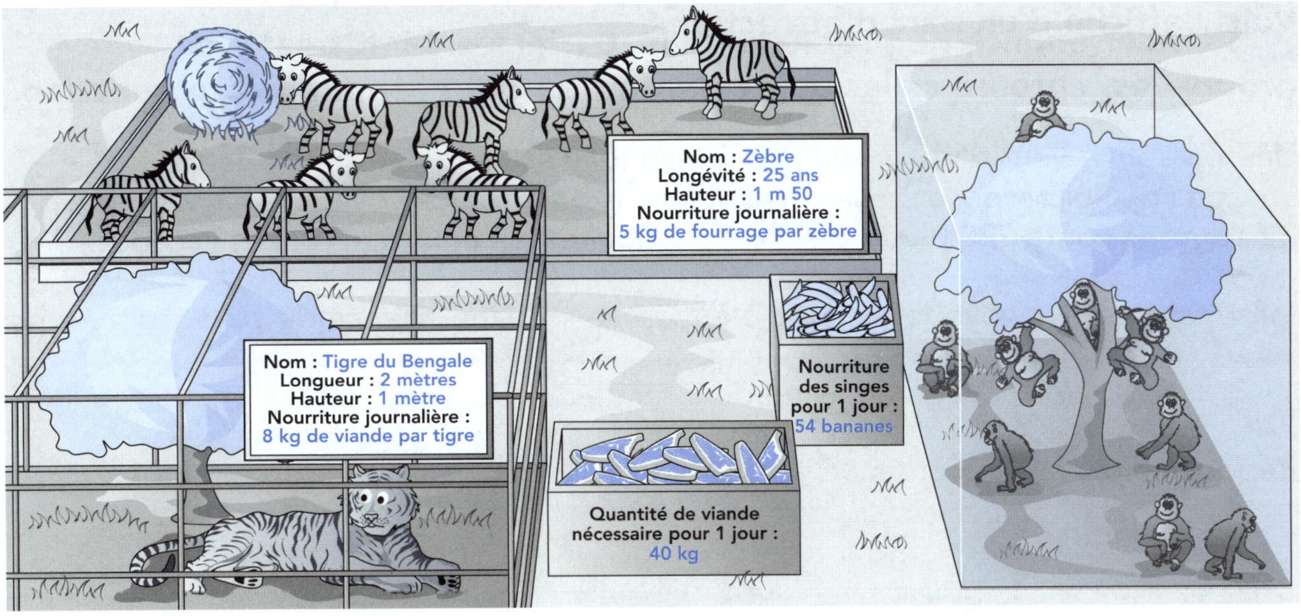

1 Observe les panneaux de ce dessin puis réponds aux questions.

Quel aliment mangent les zèbres ? ....

Les tigres ? ....

Les singes ? ....

Combien de bananes tous les singes mangent-ils en une journée ? ....

....

2 Lis ce qui est écrit sur la boite contenant la viande et sur le panneau du tigre puis réponds à la question.

Combien y a-t-il de tigres dans ce zoo ? ....

....

3 Compte le nombre de zèbres puis réponds à la question.

Quelle masse de fourrage faut-il pour nourrir les zèbres par jour ? ....

....

Évaluation *Deux pétales pour l'exercice 1. Un pétale pour chacun des exercices 2 et 3. Colorie ton résultat.*

7 *Comprendre l'énoncé d'un problème*

1 Lis cet énoncé de problème puis, parmi les 4 informations proposées, entoure celles qui te sont utiles pour répondre à la question.

Une personne veut partir 7 jours en Grèce. Elle se rend dans une agence de voyages qui lui propose un séjour à 68 euros par jour. Le voyage en avion dure 3 heures et coûte 220 euros aller-retour. Quel est le prix total de ces vacances ?

Informations : Un voyage de 7 jours en Grèce — Une agence de voyages

Un voyage en avion de 3 heures — Un séjour à 68 euros par jour

Réponds alors à la question : ....

....

2 Lis cet énoncé de problème puis réponds aux questions.

Monsieur Lefèvre veut acheter 3 fauteuils pour sa maison de campagne. Il ne veut pas dépenser plus de 100 €. Il va dans un magasin et trouve des fauteuils à 47 € et des chaises à 26 €. Il change de magasin et trouve des fauteuils à 28 € mais qui lui plaisent moins. Peut-il acheter les fauteuils du 1er magasin ou devra-t-il prendre ceux du second ?

a. Parmi ces informations, barre celles qui sont inutiles pour répondre à la question.

Informations : Achat de 3 fauteuils — Dépense de 100 € maximum

Des fauteuils à 47 ou à 28 € — Des chaises à 26 €

Des fauteuils qui plaisent moins — Le monsieur s'appelle Lefèvre

b. Dans quel magasin doit-il faire ses achats ? Coche la bonne case.

☐ Le premier ☐ Le second

Explique pourquoi ....

....

....

Évaluation

Deux pétales par exercice juste.
Colorie ton résultat.

COUP DE POUCE !

1 Lire un tableau

Pour lire un tableau, il faut bien observer les lignes et les colonnes.
Les informations du tableau se trouvent dans la case placée à la rencontre d'une ligne et d'une colonne

colonnes

	Filles	Garçons
CP	16	13
CE1	12	16

lignes

en **CP**, il y a 16 **filles**

2 Lire un graphique

Pour lire un graphique, il faut bien lire le titre et les légendes. Ils permettent de comprendre de quoi il s'agit et de trouver les informations.

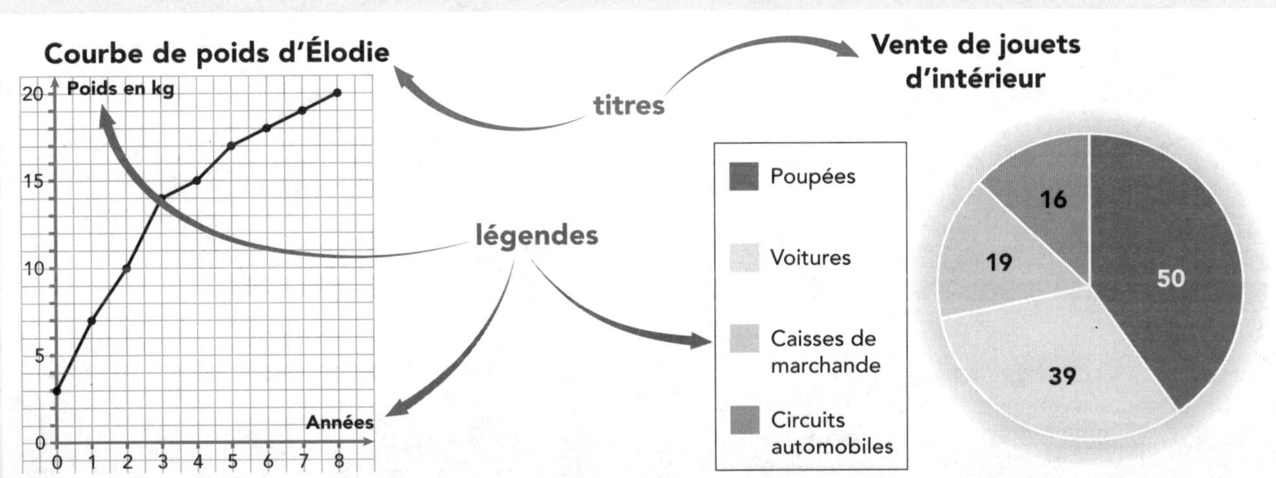

3 Lire un énoncé

Quand tu lis un énoncé de problème, tu dois être attentif aux informations qui sont données. Certaines peuvent être inutiles pour résoudre le problème.
Dans une classe, il y a 10 grandes filles et 5 petites.
Combien y a-t-il de filles dans cette classe ?
Savoir qu'il y a de grandes et de petites filles n'est pas utile pour répondre à la question.
Il faut juste s'intéresser aux nombres donnés et faire l'opération *10 + 5 = 15 filles.*

Conception maquette : Arnaud Lhermitte
Mise en pages : Alinéa
Schémas : Domino
Illustrations : Samuel Buquet

Achevé d'imprimer en mars 2016
sur les presses de la Nouvelle Imprimerie Laballery – 58500 Clamecy
N° d'éditeur : 10224148 – N° d'imprimeur : 602341
Imprimé en France

MIXTE
Papier issu de sources responsables
FSC® C022030

La Nouvelle Imprimerie Laballery est titulaire de la marque Imprim'Vert®